인공지능 예술 윤리

아트코리아랩총서

미디어 기술과 융합한 현대 예술을 탐색합니다. 달라진 예술의 지형과 의미를 소개하고, 기술의 활용과 쟁점을 제시합니다. 예술·기술의 깊은 이해가 창작과 향유의 역동적인 흐름을 만드는 데 기여하겠습니다.

일러두기

- 인명, 작품명, 저서명, 개념어 등은 한글과 함께 괄호 안에 해당 국가의 원어를 병기했습니다.
- 외래어 표기는 현행 어문규정의 외래어표기법을 따랐습니다.

인공지능 예술 윤리

유현주

대한민국, 서울, 커뮤니케이션북스, 2024

인공지능 예술 윤리

지은이 유현주

초판 1쇄 펴낸날 2024년 11월 15일

주관 (재)예술경영지원센터(대표 문영호)
03082 서울시 종로구 대학로 57 (연건동) 홍익대학교 대학로 캠퍼스
교육동 3층, 12층
전화 (02) 708 2244
webmaster@gokams.or.kr
www.gokams.or.kr

기획 아트코리아랩
03142 서울특별시 종로구 율곡로6 (중학동) 트윈트리타워 A동
지하 1층, 6층, 7층, 16층, 17층
전화 (02) 708 2222
akl@gokams.or.kr
www.artskorealab.kr

출판 커뮤니케이션북스(주)(대표 박영률)
출판 등록 2007년 8월 17일 제313-2007-000166호
02880 서울시 성북구 성북로 5-11
전화(02) 7474 001, 팩스(02) 736 5047
commbooks@commbooks.com
www.commbooks.com

ISBN 979-11-7307-128-7

책값은 뒤표지에 표시되어 있습니다.

차례

예술이 묻고 인공지능 윤리가 답하다

예술은 지금 인공지능과 인간이 서로 협력하는 창작의 시대를 맞이했다. 인간이 인공지능 기술을 이용하거나 인공지능이 인간의 개입 없이 창작하는 방식은 과거의 기계 미학과는 다른 차원에 진입했다는 것을 의미한다.

20세기 기계는 예술가들에게 새로운 창조의 도구이자 예술적 영감을 주는 대상이었지만 기계 스스로 아이디어를 생성하는 차원은 아니었다. 즉, 기계를 통해 인간처럼 드로잉이나 예술적 퍼포먼스를 하게 하더라도, 그것은 대부분 작가가 기계를 예찬하거나 그 반대로 기계 시대에 저항하기 위한 목적에서 사용된 것이었다. 1959년 장 팅겔리(Jean Tinguely)의 〈메타-마틱(Méta-Matics)〉이 그 대표적 예다. 〈메타-마틱〉은 전기 모터로 드로잉하는 기계다. 팅겔리는 스케치하고 그림 그리는 역할을 오로지 기계에 위임했고, 기계는 "무계획적이고 의미 없고 정신이 깃들지 않은 행위를 통해 당대 예술가들과 유사한 구조의 작품"(한의정, 2021)을 구현했다. 기계가 분명 인간 예술가를 대신해 퍼포먼스를 했지만, 아이디어를 기계 스스로 낸 것도 아니며, 작품이 진행되는 모든 과정과 결과에 대해 순전히 인간 예술가가 책임을 지면 되었다.

오늘날 생성형 인공지능(Generative AI)으로 불리는 챗GPT(ChatGPT)를 이용해 생산하는 작업은 〈메타-마틱〉과는 다르다. 생성형 인공지능이란 예술가가 프롬프트(명령어, 지시)를 주면 인공지능이 스스로 데이터를 학습해 저자의 아이디어를 발전시키는 방식이다. 그것이 음악이든, 미술이든, 시나리오든, 웹툰이든 간에 말이다. 이런 점에서 레프 마노비치(Lev Manovich)가 인공지능을 사용한 새로운 형식을 가리켜, '저자와 소프트웨어 간의 협업'이라고 언급한 점도 일리가 있다. 왜냐하면 "예술가의 프롬프트에 의한 규칙에 더하여 소프트웨어가 생성해 내는 미지의 영역"(한의정, 2021)이 있기 때문이다. 이런 점에서 인간과 기계의 협업이라는 표현은 인공지능을 인간과 공동의 목적을 구축하는 에이전트 혹은 하이브리드 저자로 보는 관점을 취한다고 할 수 있다.

그런데 만약 인간이 개입하지 않은 채 진행된 부분에서, 즉 소프트웨어가 생성한 내용 가운데 다른 사람의 작품 스타일이나 내용이 표절되었다고 한다면, 누구에게 그 윤리적 책임을 물어야 하는가? 우리는 이제 인공지능 예술 창작에서 긴급하게 요구되는 윤리성의 문제에 직면하고 있다.

에이전트로서의 윤리성

예술가가 인공지능을 에이전트로 본다는 것은 인공지능을 단순한 도구 이상으로 대한다는 것을 의미한다. 즉, 공동의 목표를 향한 의무와 책임을 갖는 파트너십을 가진 존재로 간주할 수 있다는 것이다. 그렇다면 인공지능을 사용해 창작할 때 중요한 약속이 있어야 할 것이다. 그것은 바로 창작 협력자로서 인공지능을 사용하는 데 필요한 윤리적 기준이다.

현재 인공지능을 사용하면서 가장 피부에 와닿는 문제는 무엇일까? 우선 검증되지 않은 것을 마치 사실인 것처럼 정보를 생성하는 할루시네이션(hallucination), 인종 및 젠더 등에 관한 차별적인 내용의 데이터 즉 편향의 문제, 그리고 합성 포르노와 같이 사실과 구별하기 어려운 딥페이크(deep fake: 다른 인물의 얼굴과 인체를 합성하는 것) 등을 꼽을 수 있을 것이다. 이와 같은 인공지능의 잘못된 기술적 사용의 문제를 포함해 거시적 차원에서 인문학적 · 윤리학적으로 접근해야 할 이슈도 적지 않다. 무엇보다 예술의 영역에서 인공지능의 윤리적 이슈는 당면 문제가 되었다.

진화하는 기술로 점차 '자율화'되어 가는 인공지능은 누구나 사용법을 배우기만 하면 예술 창작에 접근할 수 있는

민주적인 도구다. 그러나 인공지능의 빅데이터 학습이 의도하지 않게 기존 작업 데이터를 무분별하게 탈취하는 '비윤리적' 행태를 보임으로써 예술가들에게 인공지능 기술 자체에 대한 공포를 부추기고 부정적 시각을 키우고 있는 것도 사실이다. 이런 점에서 인공지능 기술은 현재 예술계의 양날의 검이라고 할 수 있다.

인공지능 예술 창작의 딜레마

최근 개발된 인공지능의 놀라운 점은, 빅데이터를 학습한 인공지능이 인간이 원하는 작업을 빠른 속도로 산출하거나, 예술가의 스타일을 학습해 전혀 예상치 못한 작업을 선보인다는 것이다. 인공지능을 창작의 보조 혹은 협업을 위한 창작 도구로 사용하는 사람들에게 이는 새로운 예술 언어를 개발하는 보검일 수 있다. 그러나 인공지능이 예술가의 작업을 표절하거나 예술가의 수공적 작업 과정을 기계적으로 단순화함으로써 예술가의 지위를 박탈하는 등 예술 생태계에 위협을 가하는 칼날이 될 수도 있음을 부인하기 어렵다.

현재 국내에서 〈생성형 AI 저작권 안내서〉가 나왔지만, 예술가들 사이에서 저작권 분쟁이 될 만한 이슈가 이어지고 있다. 그 이슈의 이면에는 인공지능 예술 작업에 독창성과 창의성이 있는가의 문제, 즉 예술의 '본질적'인 문제가 저작권을 둘러싼 긴장을 팽팽하게 하고 있다. 이러한 분쟁은 인간과 기계 사이에서 작품이 인간의 것인가 혹은 인공지능의 것인가에 대한 문제와 더불어, 작품의 절차와 과정이 과연 합법적인가라는 책임을 묻는 윤리 문제와 밀접한 관련이 있다.

AI에 대한 인간의 윤리

인공지능이 만든 작업으로 인해 예술가에게 법적인 문제가 생긴다면, 과연 누가 처벌을 받아야 하는가? 인공지능에 대한 윤리 문제를 우회적으로 접근해 보자.

자율 주행 자동차는 충분히 도덕적일까? 이 질문은 인공지능이 과연 도덕적 행위 주체성을 가지고 있는가에 관한 질문이다. 이에 대한 의견은 분분하다. 어떤 이는 컴퓨터 시스템은 그 자체로 어떤 도덕적 행위 주체성도 없으며 인간만이 오직 자유를 가지고 도덕적으로 행동하고 결정할 수 있다고 주장한다(Deborah Johnson). 그런가 하면, 기계에도 인간과 같은 종류의 도덕성을 부여할 수 있다고 주장하는 이도 있다(Susan Anderson).

마크 코켈버그(Mark Coeckelberg)는 '도덕적 행위'의 주체성에 관한 질문을 다음과 같이 우회적으로 던진다.

"우리가 AI 로봇을 학대하는 것은 괜찮은가?"(Coeckelbergh, 2020) 이는 고양이를 학대할 때 느끼는 죄의식을 인공지능으로 바꾸어 질문한 것이다. 다시 말해 우리가 인공지능을 어떻게 대해야 하는가와 동일한 질문이라고 할 수 있다. 코켈버그도 지적하지만, 인간이 반려동물과 맺고 있는 '사회적 관계'에서 죄의식이 생기는 것처럼, AI 로봇에 관한 윤리의 감정도 인공지능이 우리의 사회적 삶, 언어, 문화에 연루되는 방식과 관계가 있다. "로봇이 인간 삶을 영위하는 데 필수적 장치이자 관계의 대상으로 기능하고 있다면 역설적으로 그런 로봇을 더 보살피고 보호해야 하는 윤리적 의무가 인간과 기계 사이에 창발한다."(유용민, 2022) 인공지능이 윤리적 문제를 일으킨 것은 사실상 인공지능 프로그램을 설계하고, 편향된 데이터를 입력한 인간의 윤리 문제다. 우리는 인공지능 앞에서 우리 자신을 돌아보아야 한다.

미래의 윤리, 책임의 윤리

20세기 생태학자이자 기술윤리 철학자 한스 요나스(Hans Jonas)는 과학 기술의 속도를 윤리적 논의가 따라가지 못하는 상황, 즉 '윤리적 공백'을 지적한다. 요나스는 '미래 윤리'가 필요하다고 주장했는데, 요나스가 말하는 미래 윤리는 우리의 행위가 가져올 최악의 결과를 상상하고 행위하는 것으로서, 예측 불가능한 것에 대한 공포의 발견술을 갖는 윤리다. 공포의 발견술을 갖는 윤리란, 예컨대 〈설국열차〉나 〈인터스텔라〉와 같은 영화에서 보듯이, 인간의 행위가 가져올 재앙을 상상하고 예방하는 윤리이자 미래와 전 지구를 고려하는 책임으로 확장되어야 하는 윤리이며, 새로운 기술에 의해 피해받지 않아야 할 우리 모두의 이웃을 존중할 권리다. 다시 말해서, 미래 윤리란 모든 이에게 부과되는 '책임의 윤리'라고 할 수 있다.

인공지능 예술의 윤리 역시 단순히 인공지능 기술을 사용하는 자에게만 귀속되는 윤리가 아니라, '더불어 살고 있는 이웃의 권리에 대한 존중', 즉 모든 이웃을 책임지는 윤리라고 할 수 있다. 결과적으로 "너의 행위의 결과가 인류의 지속과 조화될 수 있도록 행위하라"(한스 요나스, 1994)고 요청하는 요나스의 생태학적 정언 명령은 인공지능 예술의 에티카(Ethica: 윤리학)와 맞물린다.

이 책에서는 인공지능 예술 창작에 관심이 있는 모든 사람에게 미래에 도래할 문제들에 대한 책임의 윤리를 제안하고자 한다. 그러기 위해 먼저 인공지능 일반의 윤리와 예술적 윤리를 살펴보고, 장르별 윤리 이슈, 창작의 데이터 허용 기준, 편향성 비판, 디지털 예술 윤리 정신, 저작권, 생태적 문제, 창작 윤리 가이드 등의 주제를 살펴본다. 윤리 이슈에 관한 구체적인 사안을 짚어 봄으로써 미래 인공지능 예술 창작자들이 겪게 될 윤리 문제를 예방하는 혜안을 갖는다면, 이 작업이 윤리 문제에서 파생하는 다양한 장애물을 건너 동시대 예술 언어를 확장하는 데 도움이 되리라 생각한다.

인공지능 예술 윤리를 위한 10가지 주제

첫째, '인공지능 일반의 윤리와 예술'이다. 오늘날 로봇, 컴퓨터, 자율 주행 차량, 사물 인터넷 등 인공지능 기술은 사회적 관계망 안에서 존재하는 기술이다. 인공지능 일반의 윤리는 어떤 문제를 다루며, 한국의 인공지능 사용에 대한 윤리 기준은 무엇인지 알아본다. 또한 인공지능 예술에서는 어떤 윤리 이슈들을 다루어야 하는지 살펴본다.

둘째, '장르별 윤리 이슈'다. 인공지능 창작들, 즉 시, 소설, 시나리오, 회화, 웹툰, 음악, 디자인, 조각, 심지어 영화 등 최근의 국내외 사례를 통해 인공지능 예술 창작은 어떤 방식으로 이루어지며 각 장르별 윤리 이슈는 무엇인지 살펴본다. 특히 생성형 인공지능에 의해 달라진 제작 환경과 이에 따른 문제는 무엇이 있는지 알아본다.

셋째, '창작의 데이터 허용 기준'이다. AI가 데이터를 수집하는 과정에서 어떤 데이터가 저작권법상 허용될 수 있는지 스스로 판단하기는 어렵다. 현재 인공지능이 사용할 수 있는 데이터란 어떤 것인지 살펴본다.

넷째, '창작을 위한 데이터 학습'이다. AI 학습을 위해 데이터를 수집 · 가공하여 데이터 세트를 구성한 뒤 이를 인공 신경망에 전달하여 학습시키는 일련의 절차를 거치게 되는데, 그 과정에서 학습 데이터에 포함된 저작물에 대한 복제 등의 행위가 필연적으로 수반된다. 이 과정을 이해함으로써 인공지능에 내재된 사회 · 윤리적 맥락을 가늠해 볼 수 있다.

다섯째, '편향성 비판과 감시 예술'이다. 자동화 기술과 데이터 기반의 인공지능은 정치적으로 중립적이기 어렵다. 어떤 데이터를 사용하느냐에 따라 편향과 차별이 생성되고 강화되는 경우도 많다. 따라서 인공지능이 창작자에게 편향된 정보를 제공할 수 있음에 주목할 필요가 있다. 왜냐하면 인공지능을 정치적 · 상업적으로 이용하여 사회를 통제하고자 하는 빅브라더(정치 · 경제적 권력)에 의해 우리의 의식이 부정적 편향을 가질 수 있기 때문이다. 창작자는 이러한 알고리즘의 역기능을 이해함으로써 인공지능 기술이 주는 오류와 함정에서 벗어날 수 있을 것이다.

여섯째, '저작권 이슈'에서는 국내외 인공지능 관련 저작권을 비교하면서 현재 이슈가 되는 문제들을 살펴본다. 생성형 인공지능은 일단 '인간 창작자'가 아니라는 점에서 저작권법에 따른 저작자성을 갖고 있지 못하다. 그럼에도 생성형 인공지능을 활용한 창작물에서 인공지능을 '공저자' 내지 '저자'로 공표하는 사례들이 이미 나오고 있다. 이와 관련하여 창작자는 생성형 인공지능의 저작자성과 저작 인격권을 이해할 필요가 있다.

일곱째, '인공지능 에이전트와 예술'에서는 인공지능을 예술가의 에이전트로 보는 관점에 대해 다룬다. 인간 예술가가 인공지능을 에이전트로 간주하여 창의적인 작품을 공동 생성하는 과정에서, 인공지능을 하나의 '행위자'로 보는 탈인간 중심주의적 태도가 요청될 수 있다. 미래에 인공지능이 우리의 파트너로 살아가게 된다면, 인간과 비인간의 관계망을 언급하는 철학적 · 윤리적 의미를 짚어 볼 필요가 있다.

여덟째, '디지털 예술 윤리 정신'을 예술사적 맥락에서 살펴본다. 예술 작품 제작에 인공지능이 개입하면서 기업이 예술가의 데이터를 탈취하는 일이 빈번해졌다. 이에 대한 예술가들의 항의가 거세게 일고 있다. 이러한 항의의 몸짓은 단지 기업의 무단 사용에 대한 거부만이 아니라 예술이 가져야 할 윤리 정신과도 상통한다. 대중 매체의 일방적인 메시지 전달을 거부하고 예술 생산자와 수용자 사이의 인터랙티브한 커뮤니케이션을 꿈꾸었던 미디어아트 역사를 되짚어 보면서 오늘날 인공지능 예술에서 요청되는 디지털 예술의 윤리적 정신에 대해 언급한다.

아홉째, '인공지능 예술과 생태적 책임'은 인공지능의 사용이 불러오는 생태 변화에 대해 인공지능을 사용하는 예술가에게도 그 책임을 묻는 것이다. 인공지능이 생태 문제를 해결하는 데 큰 도움을 줄 수도 있지만 빅데이터 등으로 인해 지속 불가능한 전기 사용, 에너지 소비 및 폐기물 증가는 생태 문제의 원인이 될 수 있기 때문이다. 인공지능 사용자들이 환경, 노동, 감정 등의 분야에서 인공지능이 가져온 변화를 인식하고 환경에 대한 책임 의식을 가져야 한다는 점에서 이 장은 지구 공동체를 위한 미래의 윤리로서 의미를 갖는다.

열째, '창작 윤리 제언'은 현재 시점에서 인공지능을 사용하는 데 필요하다고 생각되는 창작 윤리 가이드를 제시한다. 책의 각 장에서 언급한 문제들을 통해 인간과 기술의 관계를 이해하고 책임의 윤리 차원에서 인공지능 예술 창작자들에게 요구되는 윤리적 지침을 정리한다.

10개 주제를 통해 알 수 있는 것은 인공지능이 다분히 정치적으로 사용될 수 있다는 사실이다. 창작자는 인공지능을 똑똑한 도구로만 볼 것이 아니라, 근본적으로 기술에 내재한 '힘의 논리'에 대해서도 생각해 볼 필요가 있다. '기술의 윤리' 문제를 직시함으로써 예술은 바로 그러한 힘이 왜곡되게 이용되는 상황을 교정하는 역할을 하리라 본다.

데이터의 정치성

2013년 미국 중앙 정보국 요원이었던 에드워드 스노든(Edward Snowden)은 미국 국가 안보국(NSA)이 사용하는 정보 수집 기법을 담은 수천 건의 문서를 폭로했다. 폭로 내용에서 NSA가 구글의 데이터 센터를 감청했다는 사실은 최근 대규모 데이터 감시 작업에 존재하는 윤리적 위험에 대한 비판적 인식을 높이는 촉매제 중 하나다. 그리고 이러한 관행은 예술가들도 윤리적 · 정치적으로 부과되는 광범위한 예술적 노력을 하게 하는 계기가 되었다.

인공지능이 정치적이라는 것은 공공연히 알려진 사실이다. 일례로, 2016년 도널드 트럼프의 대선 캠페인에서 인공지능이 대중의 심리 조종에 이용된 적이 있는데, "페이스북의 설립자 마크 저커버그(Mark Zuckerberg)라는 브로커가 프로그래머와 함께 추상(抽象) 층위에서 알고리즘과 인터페이스 설계를 계속 수정하며, 페이스북 이용자의 행동 심리에 기댄 활동 패턴을 (무)의식적으로 흔들거나 조정한 일이 발각"(이광석, 2021)된 것이다. 알고리즘을 이용하여, "소셜 플랫폼이 온라인 대중의 주의 · 관심 그리고 정동을 조절 · 관리하려는 일종의 심리 권력"(Jason Harsin, 2015; 이광석, 2021)이 됨으로써 진실을 호도하거나 여론을 통제한 결과는 우리의 삶에 직접적 영향을 미치고 있다. 이러한 맥락에서 이 책이 '창작의 데이터 허용 기준', '편향성과 감시 예술' 등과 같은 주제를 다루는 것은 당연하다.

예술에서 인공지능을 잘 사용하기 위한 윤리

2022년 11월 뉴욕 현대미술관 모마(MoMA)는 레픽 아나돌(Refik Anadol)의 인공지능 예술 전시 〈언슈퍼바이즈드(Unsupervised)〉를 선보였다. '언슈퍼바이즈드'라는 단어 자체가 AI가 프로그래머의 지도를 받지 않고도 수행하는 '비지도' 학습 방식을 말한다. 아나돌은 모마가 200년간 수집한 작품 약 13만 점의 데이터를 AI가 딥러닝하여 새로운 이미지를 생성하게 했다. 8미터 높이의 디스플레이에 담긴 그 이미지는 전시 시점의 날씨와 관람객의 움직임과 소리까지 반영했다.

모마는 이 작업이 현대 미술의 역사를 새롭게 상상하고 앞으로 도래할 것에 대해 꿈꾸어 보는 경험이라고 소개했다. 그런데 아나돌의 전시를 리뷰한 미술평론가 벤 데이비스(Ben Davis)의 글은 신랄한 비판으로 가득하다. 인공지능으로 경이로운 장면을 연출하고는 있지만, "속성의 합성과 재조합에 대한 우발적 행위일 뿐이며, 기계가 수행하는 작업 능력 외에는 특별한 어떤 것도 표현하지 않는다"(Davis, 2023)는 것이다. 인공지능이 만드는 이미지는 과연 아무런 '의미'를 갖지 않는가?

2018년 뉴욕 크리스티 경매에서 〈에드몽 드 벨라미(Edmond de Belamy)〉가 43만2500달러(약 4억9300만원)에 팔렸다. 이 작품은 초상화 1만5000점을 학습한 인공지능 프로그램이 만든 작업이다. 2022년 제이슨 앨런(Jason Allen)은 텍스트를 이미지로 생성해 주는 미드저니(Midjourney)를 이용해 〈스페이스 오페라 극장〉을 만들었다. 이 작품은 콜로라도 주립 박람회 미술 대회의 디지털아트 부문에서 상을 받았다. 인공지능으로 만든 작업에 사람들은 왜 감탄하는 것일까?

인공지능 예술 작업 혹은 인공지능에 대해 호의적인 예술가들은 인공지능 예술은 "기계를 통해 꿈이나 환상의 이미지를 창조"(Anadol)할 수 있으며, 인공지능은 "억압된 우리의 창조성을 해방하는 반려종"(오영진)이 될 것이라고 말한다. 이러한 생각의 이면에는 디지털 매체가 단지 제작을 위한 도구만이 아니라 '사유를 위한 도구'(Grau, 2002)라는 의미가 잠재해 있다. 플라톤이 구어적 매체(언어)가 사유와 기억의 과정에 중요하다고 했던 것은 바로 매체가 사유와 밀접하게 연관된다고 믿었기 때문이다. 대부분 사람들이 컴퓨터로 글을 쓸 때 사유가 시작된다고 하는 것도 그와 같은 이유에서일 것이다.

인공지능이 우리의 창조성을 해방하는 반려종이 되기 위해서는 인공지능 역시 우리의 사유를 매개하는 도구이자 협업자로서 같은 목표를 향해 어깨를 나누는 에이전트의 역할을 담당해야 할 것이다. 에이전트란 누군가의 목적을 위해 혹은 무언가의 이익을 위해 필요한 작업을 대행해 주는 사람이나 단체, 사물을 말한다. 인공지능을 에이전트로 보는 관점은 단순히 자연을 비롯한 모든 사물을 인간의 도구로만 보는 호모 파베르(Homo Faber)적 관점과는 차이가 있다. 에이전트에도 윤리적 성격을 부여함으로써, 궁극적으로 인간의 일을 위임하고자 한다는 점에서 그러하다. 이때 윤리적 성격이란, 가령 인공지능 프로그램을 설계할 때 발생할 수 있는 차별이나 편향의 문제를 배제하려는 노력을 말한다. 즉 인공지능을 협업자로 대하는 이 관점은 인간과 비인간 모두를 동등한 행위자로 바라보며 지구 전체의 문제를 생각하는 태도다. 그럴 때, 인공지능으로 작업하는 예술가는 물론이고 인공지능을 둘러싼 사회적 관계와 연관된 비인간(기계, 프로그램, 회사 등) 역시 책임의 법정에 설 수 있다.

이 책은 바로 예술가들이 창작에 앞서 인공지능 기술 자체에 내재한 윤리적 문제를 인식하길 바라는 데서 시작되었다. 인공지능 예술이 아직 하나의 장르로 정착한 것은 아니지만, 다양한 의견이 개진되는 이 시점에서 분명한 것은 인공지능을 창작의 도구로 잘 사용하길 바라는 사람들이 점점 많아지고 있다는 것이다.

카메라의 발명에 화가들이 절망했으나 곧 사진 예술이 정착한 것처럼, 공동체의 윤리적 책임을 의식하고 우리의 환경을 생각하면서 사용한다면, 인공지능은 미래 예술가의 좋은 협력자가 될 수 있으리라 생각한다.

참고문헌

김영주(2022.9.5). AI 화가의 우승…시대의 흐름인가, 예술의 사망인가, 중앙일보. https://www.joongang.co.kr/article/25099483#home

오영진(2022.11). 인공지능의 기괴함과 함께 살기. ≪월간미술≫, 74~75.

유용민(2022). 인공지능 시대의 새로운 윤리학 모색: 루치아노 플로리디의 정보윤리학을 중심으로. ≪커뮤니케이션 이론≫, 18권 2호, 5~51.

이광석(2021). 『피지털 커먼즈』. 갈무리.

이진경 · 장병탁 · 김재아(2023). 『이진경 장병탁 선을 넘는 인공지능』. 김영사.

한의정(2021). 그림 그리는 기계: 창조와 생산 사이. ≪인문과학연구≫, 69, 53~76.

Coeckelbergh, M.(2020). *AI Ethics. The* Massachusetts *Institute of Technology*. The MIT Press. 신상규 · 석기용 옮김(2023). 『AI 윤리에 대한 모든 것』. 아카넷.

Coeckelbergh, M.(2022). The Political Philosophy of AI. Polity Press. 배현석 옮김(2023). 『인공지능은 왜 정치적일 수밖에 없는가』. 생각이음.

Davis, B.(2023). An Extremely Intelligent Lava Lamp: Refik Anadol's A.I. Art Extravaganza at MoMA Is Fun, Just Don't Think About It Too Hard, artnet. https://news.artnet.com/art-world/refik-anadol-unsupervised-moma-2242329

Floridi, L.(2006). Information Ethics, Its Nature and Scope, *SIGCAS Computers and Society, September*.

Jonas. H.(1979). *Das Prinzip Verantwortung: Versuch einer Ethik für die technologische Zivilisation*. Suhrkamp. 이진우 옮김(1994). 『책임의 원칙: 기술 시대의 생태학적 윤리』. 서광사.

Stark, L. & Crawford, K.(2019). The Work of Art in the Age of Artificial Intelligence: What Artists Can Teach Us About the Ethics of Data Practice, Surveillance & Society, *17*(3/4), 442~455.

01

인공지능 일반의 윤리와 예술

인공지능이 비인간이므로 그것의 행위나
결과물에 어떤 윤리적 책임도 지울 수 없다는
논리는 인공지능과 우리의 관계를 단순히
기계와 인간으로 설정하는 관점이다.
예술가들이 인공지능을 대결 상대로
인식하기보다는 협업을 이룰 동료로 바라볼 때
인공지능을 둘러싼 윤리적 문제는 법과
제도 등 사회적 관계망의 문제라는 것이
확연해질 것이다.

AI에 대한 우리의 윤리

인공지능 로봇에게 먹을 것을 달라고 하자 테이블 위에 놓인 물건들 사이에서 사과를 골라 사람에게 건네고 그것을 고른 이유까지 설명한다. 이는 최근 인간과 실시간으로 대화하면서 요구받은 일을 인간처럼 수행하는 휴머노이드 로봇 '피규어 01'의 퍼포먼스다. 비영리 단체 오픈AI가 개발한 외모와 행동이 인간과 유사한 인공지능 로봇은 강인공지능의 실현이 가까운 미래에 실현되리라는 기대와 더불어 두려움도 가져다준다.

알파고나 IBM의 왓슨(Watson)이 바둑이나 의약 등의 분야에 특화된 약인공지능이라면, 강인공지능은 SF 영화에서 보는 것처럼 인간으로 보아도 무방할 만한 지적 수준과 자각, 지각력, 감정 등의 특성까지 갖춘 진화한 인공지능이다. 최근 연구되고 있는 '멀티모달 AI'는 "시각이나 청각을 비롯한 여러 감각 정보를 동시에 받아들여서 학습하고 사고하는 인공지능"(이진경 · 장병탁 · 김재아, 2023)이기에 주목된다. 어떤 연구자들은 인공지능을 "현상적으로 어떤 결과에 책임을 지는 행위 주체성을 가진 인공물"(Coeckelbergh, 2020)로 보기도 하지만, 실제로 감정이나 도덕성까지 갖춘 강인공지능의 출현은 상상하기 힘들다.

여하튼 자기반성이나 자기 성찰을 할 수 있는 '의식'을 가지지 않은 AI의 행위가 일으키는 문제를 누군가는 책임을 져야 한다. 그렇다면 인간이 개입하기는 하지만, 블랙박스 과정(인풋과 아웃풋이 명확히 설명되지 않는 부분)에서 이룬 결과물에 대해 인공지능은 어떤 책임을 져야 할까? 인공지능에 대한 윤리는 AI 자체가 아니라 인간과 AI가 얽힌 사회적 관계망(정치적 · 법적 · 사회적 · 경제적) 차원에서 풀어내야 한다. 예컨대 인종 차별적이거나 성차별의 내용을 담은 데이터는 인간이 만든 사회의 거울이다. 그러한 데이터를 반영한 AI의 결과물을 가지고 교육이나 정책이 이루어진다면 그 책임은 다시 인간에게 돌아올 수밖에 없다. 따라서 인간은 윤리적 문제의 원인을 제공하고 협조한 '도덕적 행위 주체'라고 할 수 있다. 그런 점에서 AI의 윤리는 "AI에 의한 AI의 윤리가 아니라, AI에 대한 우리의 윤리"(Coeckelbergh, 2020)에 초점을 맞춰야 한다는 주장은 설득력이 있다.

법 제도와 윤리 기준의 필요성

AI는 어디에나 있다. 알파고뿐만 아니라, 페이스북, 유튜브 등 소셜 미디어 플랫폼, 검색 엔진, 애플리케이션, 사물인터넷 등에도 숨어 있다. 인공지능은 혼자 존재하는 것이 아니라 항상 다른 기술에 의존하며 광범위한 과학, 기술 실천, 절차에 내장되어 있다. 즉, 인공지능 윤리는 디지털 정보 통신 기술, 컴퓨터 윤리 등 보다 광범위한 윤리와 연결해 생각할 필요가 있다.

인공지능 기술이 발전함에 따라 제기되는 윤리 이슈는 "프라이버시, 안전성, 인간에 의한 오남용, 법적 책임 문제, 살상용 로봇, AI 포비아, 인간 정체성, 안전장치의 문제, 감성 로봇의 부작용, 로봇 의사 결정 등"(한국지능정보사회진흥원, 2017)이다. 일례로 자율 주행차가 사고를 일으킬 때 그 책임은 누구에게 있을까? 자동차 프로그래머, 자동차 회사, 우버(Uber), 자동차 사용자, 보행자, 규제 당국 등에도 있을 것이다. 또한 AI 알고리즘에는 온갖 종류의 하드웨어와 소프트웨어가 상호 작용하며, 기계 학습과 데이터의 수집 및 처리 등으로 훈련된 여러 절차가 있다. 자율 주행차의 사고에서 인간과 비인간 모두는 각자의 역할을 하며 상호 작용한 행위자다. 따라서 잘못에 대한 책임은 공통의 목적을 이루기 위해 실행한 이 행위자들 혹은 에이전트들에게 있다. 그런데 문제는 기계의 문제도 인간이 대신하여 해결해야 한다는 것이다. 기계든 인간이든 우선적으로 요구되는 것은 우리 사회가 실천할 적절한 윤리 기준이다. 다음은 한국의 AI 윤리 기준과 미국의 AI 권리장전을 차례로 살펴보기로 하겠다.

한국형 AI 윤리 기준

2020년 12월 23일 마련한 한국의 AI 윤리 기준은 인공지능이 인간과 사회에 이바지해야 한다는 점을 명시하면서, 인공지능이 가져야 할 윤리 기준을 다음과 같이 제시한다.

먼저 3대 원칙은 ① 인간의 존엄성 원칙, ② 사회의 공공선 원칙, ③ 기술의 합목적성 원칙이다. 이 원칙 아래에 10개의 윤리 기준은 ① 인권 보장(인간 중심, 인간의 권리와 자유 보장, 사람 중심 서비스), ② 프라이버시 보호(사생활 보호, 개인 정보 오용 최소화), ③ 다양성 존중(접근성 보장, 편향 · 차별 최소화), ④ 침해 금지(인간에 무해한 목적으로 활용), ⑤ 공공성(인류의 공동 이익 목적), ⑥ 연대성(이해관계자의 참여 기회 보장, 국제 사회 협력), ⑦ 데이터 관리(목적 외 용도 활용 금지, 데이터 편향 최소화), ⑧ 책임성(주체별 책임), ⑨ 안전성(잠재적 위험 방지), ⑩ 투명성(설명 가능성, 활용 내용 및 유의 사항 사전 고지)이다. 한국의 인공지능 윤리 기준은 크게 '인간 중심의 인공지능'이라는 틀에서 마련된 것으로, "정당한 이윤을 추구하는 기업에 부당한 부담을 지우지 않는 것"을 목표로 한다. 즉, 기업에 부담을 주지 않는 한에서 인공지능 윤리 가이드를 지키라는 것이다. 한국의 기준은 선진국에 비해 지나치게 경제적인 것에만 무게 중심을 두었다는 비판을 받고 있다.

다음은 미국의 AI 권리장전이다. 기본적으로 이 권리장전 역시 어떤 AI 개발도 인간을 우선 보호해야 한다는 점에 초점을 두고 있다.

미국의 AI 권리장전

2022년 바이든 대통령은 AI 권리장전(AI Bill of Rights)을 선언했다. 여기에는 AI 시대에 미국인들의 권리를 보호하기 위한 다섯 가지 방안의 개요가 담겨 있다.

그 방안은 ① 안전 및 효과의 보장(Safe and Effective Systems): 시스템으로부터 보호받을 권리(예: 적극적이고 지속적인 방식으로 사용자가 피해받지 않도록 보호하는 것, 자동화 시스템의 생성, 평가 또는 배포의 일부로 사용되는 데이터가 해당 영역 및 시스템에 유용한가에 대한 것), ② 알고리즘에 의한 차별로부터의 보호(Algorithmic Discrimination Protections): 차별 없는 공정한 시스템 사용의 권리(예: 형평성에 맞게 디자인되어야 하고 편견 없는 강력한 데이터를 제공해야 하는 것), ③ 데이터 프라이버시(Data Privacy): 기본 제공 보호 장치를 통해 데이터

남용을 막고 본인 데이터가 어떻게 사용되는지를 감독할 권리(예: 설계 시 개인 정보 침해로부터 보호될 수 있도록 설계), ④ 고지와 설명 가능성(Notice and Explanation): 자동화 시스템이 사용되고 있다는 것을 인지하고, 시스템이 사용자에게 주는 영향을 제대로 이해할 권리(예: 자동화 시스템은 그 기능과 역할을 설명하는 명확하고 접근 가능한 설명서가 있어야 하며, 시스템의 각 구성 요소를 설계하는 주체와 이를 사용하는 주체가 명확히 식별되어야 함), ⑤ 인간 중심의 대안과 배려 및 적절한 대비책(Human Alternatives, Consideration and Fallback): AI 시스템을 대체해 인간을 선택할 수 있으며, 시스템 문제 발생 시 해결책에 접근할 수 있는 권리(예: 자동화 시스템이 선고 결정이나 의료 등 고위험 상황에 사람의 배려 없이 직접 개입하는 것을 허용해서는 안 됨)이다.

미국은 세계 최대의 기술 및 AI 기업들을 보유한 국가임에도 불구하고 지금까지 AI의 위험성으로부터 자국민을 보호할 방법을 명시한 지침이 없었다. 그러나 이제 개인 보호 장치의 필요성을 절감하고 이와 같은 권리장전을 내놓음으로써 AI에 책임을 묻고 기업, 시민, 정부가 어떻게 협력해야 하는지 보여 주고 있다. 그럼에도 여전히 권리장전보다는 기업의 이익에 비중을 두는 현실을 볼 때,

미국 내부에서는 장전의 내용이 더 큰 강제성과 실행 가능성을 가져야 한다는 지적이 있다.

인공 도덕 조언자

유럽 뮌헨 공과대학교 사회과학기술대학 산하 인공지능 윤리연구소(Institute for Ethics in Artificial Intelligence)에서 최근 발간한 보고서(Research Brief-Q2 2024)는 IDSS(Intelligent Decision-Support System)에 대해 다루고 있다. IDSS는 AI의 능력이 탄생시킨 '지능형 의사 결정 지원 시스템'이다. 보고서에 따르면, IDSS는 주로 의료 진단 및 업무 배치, 법적 판단 또는 고용 선택을 돕기 위해 광범위하게 보급 중인데, 이러한 결정은 근본적인 인간의 목적과 가치(fundamental human goals and values)에 접근하기 때문에, 윤리적인 성격을 띤다. 이 보고서는, 인간의 윤리적 의사 결정을 자동화하기 위해 설계된 '인공 도덕 조언자(artificial moral advisor)'(Franziska Poszler & Isadora De Angeli, 2024)인 IDSS를 위한 10가지 권장 사항을 소개한다.

권장 사항은 ① 데이터 품질 보장["쓰레기가 들어가면 쓰레기가 나온다(garbage in, garbage out)" 즉 특정 인구에 편향되지 않은 프로그래밍 강조], ② 시스템 중립성(공정한 정보와 대안을 제시하는 중립적 접근), ③ 참여형 설계와 사용자 재정의(AI 능력을 활용하면서도 의사 결정 과정에서 인간의 통제와 판단을 유지), ④ 구체적 추천 대신 정보 제공(예컨대 심리적 문제나 자살과 같은 주제에 대해 조언 대신 도움 되는 웹사이트 등 정보 제공), ⑤ 정서적 애착을 제한하는 컴퓨팅 및 의인화 피하기(사용자가 IDSS 권장 사항을 무시하거나 재정의할 수 있는 능력을 가져야 함), ⑥ 윤리적 고려(도덕적 딜레마를 해결하고 시스템이 윤리적 표준에 부합하도록 보장), ⑦ 윤리적 감독 및 외부 인증 프로세스의 필요(도덕 전문가에 의한 시스템 검증), ⑧ 지속적 테스트 및 개선 메커니즘을 만들어 개인 정보 보호(민감한 데이터 보호 등), ⑨ IDSS 개발자와 운영자를 위한 윤리적 인식 및 훈련(IDSS 배후의 프로그래머를 위한 윤리적 리터러시, 다양성 훈련), ⑩ IDSS 사용자를 위한 디지털 리터러시와 윤리적 인식(인간과 기계 사이의 역할 및 책임 명확화하기 등) 등이다.

이처럼 이 보고서는 인간을 위한 자동화된 윤리 조언 기계도 근본적으로는 인간의 편향을 반영하는 거울이기 때문에, 인간 개발자의 윤리 교육이 병행되어야 한다는 사실을 지적하고 있다.

인공지능 윤리에 대한 예술가들의 태도

NSA가 구글의 데이터 센터를 감청한다는 사실을 스노든이 폭로한 다큐멘터리 〈시티즌포(Citizenfour)〉(2014)가 상영된 후, 예술가들에게도 큰 반향이 있었다(Luke Stark, 2019). 데이터 사용과 머신 러닝 그리고 AI 사용에 대해 예술가들이 미묘한 윤리적 문제를 의식하지 않을 수 없게 된 것이다.

루크 스타크(Luke Stark)와 케이트 크로퍼드(Kate Crawford)의 논문 "인공지능 시대의 예술: 예술가는 우리에게 데이터 실천의 윤리에 대해 무엇을 가르칠 수 있는가(The Work of Art in the Age of Artificial Intelligence: What Artists Can Teach Us About the Ethics of Data Practice)"는 예술가들이 컴퓨터 기술로 매개된 사회에서 어떻게 윤리적 실천을 할 수 있는지 묻는다. 이에 대해 저자들은 새로운 미적 영역과 미개척의 사유 방식을 통해 윤리적 실천이 가능하다고 말한다. 즉, "예술가들은 새로운 기술에 내재한 윤리적 · 정치적 · 미적 잠재성을 탐색할 뿐 아니라 예술적 생산과 정치적 효과 사이의 상호 관계성을 탐색하는 전위대 역할을 한다."(Stark & Crawford, 2019) 구체적으로는, 예술가들이 데이터와 알고리즘 도구를 창조적으로 사용하여 윤리적 문제 자체를 '주제화'한다. 실제로 데이터 수집 과정의 적법성, 데이터 센터에서 받는 감시, 데이터 편향 등 인공지능 알고리즘에서 드러나는 비윤리적 문제에 맞서 싸우는 동시대 예술가들이 점점 많아지는 추세다.

AI 기술 개발과 시각적 이미지 창작의 교집합에서 활동하는 작가들이 집중할 주제는 무엇인가? 이에 대한 미디어 아티스트 이진준 작가의 대답은 주목할 만하다. 그는 예술가들이 "수많은 데이터의 활용이 우리 삶의 자율성을 얼마나 통제하게 될지, 혹은 인간이 비인간계에 어느 정도의 책임을 지고 있는지에 대해 비판적으로 살펴봐야 한다"고 주장한다. 이는 인공지능창작에 관심 있는 예술가들뿐만 아니라 초연결 사회를 살아가는 동시대 예술가들이 가져야 할 윤리적 태도를 언급한 것이다.

결론적으로, 인공지능 윤리 문제는 산업 분야를 포함해 이제 사회 구성원이라면 누구나 알아야 할 상식이 되고 있음을 알 수 있다. 창작자들 역시 어떤 주제로 어떻게 구현할지에 앞서, 인공지능 일반 윤리에 관심을 가져야 할 것이다.

참고문헌

국가 인공지능 윤리 기준(2020) pdf.

https://www.msit.go.kr/bbs/view.do?sCode=user&mPid=112&mId=113&bbsSeqNo=94&nttSeqNo=3179742

인공지능 윤리 기준. https://ai.kisdi.re.kr/aieth/main/contents.do?menuNo=400029

조현아(2022.11). 인공지능을 통해 묻는 예술의 본질. ≪월간미술≫, 92~95.

지능정보사회 윤리 가이드라인(2023) pdf. https://www.nia.or.kr/site/nia_kor/ex/bbs/View.do?cbIdx=66361&bcIdx=20238

티스토리. [미국] AI 권리장전(AI Bill of rights) 전반 요약 https://zrungee.tistory.com/664

티스토리. [미국] AI 권리장전을 위한 청사진(Blueprint for AI Bill of rights)에서 정의한 Data Privacy 실천 방안. https://zrungee.tistory.com/608

Coeckelbergh, M.(2020). *AI Ethics. The* Massachusetts *Institute of Technology*. The MIT Press. 신상규 · 석기용 옮김(2023). 『AI 윤리에 대한 모든 것』. 아카넷.

MIT Technology Review Insights(2022.11). 美 백악관 'AI 권리장전'을 공개하다. MIT 테크놀로지 리뷰. https://www.technologyreview.kr/white-house-ai-bill-of-rights/

Rea, N.(2018). Super-Curator Carolyn Christov-Bakargiev Talks About Hito Steyerl's Latest Work and Why AI Is Actually 'Artificial Stupidity. https://news.artnet.com/art-world/carolyn-christov-bakargiev-interview-1396936

Stark. L. & Crawford, K.(2019), The Work of Art in the Age of Artificial Intelligence: What Artists Can Teach Us About the

Ethics of Data Practice, *Surveillance & Society 17*(3/4), pp.442~455.
The White House. Blueprint for an AI Bill of Rights. https://www.whitehouse.gov/ostp/ai-bill-of-rights/
The White House. Data Privacy. https://www.whitehouse.gov/ostp/ai-bill-of-rights/data-privacy-2/

02

장르별 윤리 이슈

인공지능의 예술 창작은 미술, 문학, 음악, 공연, 영화, 광고 등 전방위로 그 범위가 확장되고 있다. 특히 생성형 인공지능으로 인해 쉽고 빠르게 콘텐츠 작업이 가능해졌다. AI에 의해 인간의 수고로운 작업 과정을 단축한 점은 제작의 효율성을 높이지만 작가의 지위를 위협하기도 한다. 인공지능을 단순히 자동판매기 같은 용도로만 볼 경우, 무단 도용 및 저작권 등 윤리 문제가 불거질 수 있다.

AI '소라'가 만든 영화

인공지능 예술 창작은 현재 시, 소설, 시나리오, 회화, 웹툰, 음악, 디자인, 조각, 영화 및 공연 예술, 광고 등 광범위한 콘텐츠에 걸쳐 진행되는 중이다. 2015년경 인공지능 작업은 딥러닝으로 기존 데이터를 활용해 예술가의 작업을 도왔다면, 2022년경부터는 프롬프트 입력으로 바로 글, 곡, 이미지, 영상을 빠르게 생산하는 생성형 인공지능이 출현해 다양한 콘텐츠 제작이 더욱 손쉬워졌다.

2024년 오픈AI가 출시한 AI 소라(Sora)는 적대적 생성 신경망(Generative Adversarial Network: GAN)을 활용하여 텍스트를 해석하고, 명령어 입력만으로 영상을 만드는 '텍스트 투 비디오(Text to Video)' 생성형 AI 모델이다. 적대적 생성 신경망은 생성기(Generator: G)와 판별기(Discriminator: D)라는 서로 다른 두 네트워크를 적대적으로 학습시켜 목적을 달성하는 인공지능이다. 예컨대 G는 위조지폐를 만들어 내는 시스템이고 D는 위조지폐를 감별하는 시스템이라고 가정한다면, D가 위조지폐를 구분할 수 없을 때까지 두 시스템의 경쟁을 통해 G의 위조지폐 생성 학습이 이루어진다. 마찬가지로 이 모델을 예술 작업에 적용하면 기존의 예술 작품과 구분이 되지 않을 만큼 유사하게 생성하는 것이 가능하다.

다른 생성형 AI가 15~20초의 영상을 만드는 것에 비해, 최대 1분가량의 고품질 영상을 만들어 영화 제작도 가능해졌다. 소라에 텍스트를 입력하면 최대 1분 길이의 동영상을 생성한다. 오픈AI는 베를린 영화제에서, 도쿄 밤거리를 배경으로 한 여성, 커피 잔 안에서 전투를 벌이는 해적선, 근접 촬영한 여성의 눈 등 9개의 샘플 영상을 프롬프트(명령어)와 함께 공개했다. 소라는 분홍색 플라밍고의 몸통에 기린 머리, 날개 달린 돼지, 아르마딜로의 꼬리를 갑옷처럼 입고 걸어 다니는 토끼, 말에 파리를 합성한 형상 등 판타지 영상을 생성했다.

프롬프트를 행하는 자는 인간이지만 그 명령어를 이해하고 영상을 제작한 것은 소라다. 이 경우 누가 저작자인가? 현행 저작권법은 인간만을 저작권자로 명시하고 있기에, 소라는 저작권자로 보기 어렵다. 그러나 데이터를 학습하고 명령어를 실행하는 것에 '더해' 우리가 모르는 '블랙박스'의 과정이 있다. 창작의 일부를 담당한 소라를 인간 저작자의 협업자로서 인정할 만한 여지가 없지 않다. 한편, 소라는 작업에 필요한 컴퓨터 그래픽(CG)과 같은 작업을 단 몇 초, 몇 분 만에 해낸다. 미국의 영화 업계에서 소라가 할리우드를 위협한다고 느끼는 것도 그럴 만하다. 소라가 컴퓨터 그래픽 작업의 과정을 간소화하는 등 기존의 업무를 도맡아 하기 때문에 인간 기술자들을 몰아낼 위험이 있다고 보기 때문이다. 기술자들은 인공지능이 점점 더 인간의 업무를 빼앗는다고 경계한다.

이러한 문제와 유사한 일들이 각 예술 장르에서 나타나고 있다. 이 장에서는 크게 문학, 음악, 미술, 공연 등 장르별로 나누어 AI 창작 윤리 문제들을 개괄해 본다.

문학 분야 AI 창작

2016년 ≪니혼게이자이 신문≫이 주최하는 호시 신이치 SF 문학상 공모전에서 단편소설 〈컴퓨터가 소설을 쓰는 날(コンピュータが小説を書く日)〉이 수상작이 되었다. 이 작품은 인공지능 '제로'가 소설 1000편을 딥러닝하여 쓴 A4 용지 3페이지 분량의 소설이다. 같은 해 영국에서 열린 공상 과학 영화제에 출품된 9분짜리 단편 SF 영화 〈선스프링(Sunspring)〉은 180여 개의 작품 중 10위 안에 들었다. 이 영화의 시나리오 인공지능 '벤자민'이 1980년대부터 1990년대 공상 과학 영화나 텔레비전 프로그램 대본 수십 편을 딥러닝 방식으로 학습하여 만들었다.

한편 우리나라에서는 2021년 AI 소설가 '비람풍'이 김태연 소설감독의 기획과 연출 아래 『지금부터의 세계』라는 장편소설을 출간했다. 시 창작 분야도 인공지능이 활약하고 있다. 2022년 카카오 브레인이 만든 인공지능 시인 시아(SIA)가 시 1만3000편을 읽고 음절 단위로 조립한 시를 모아 시집 『시를 쓰는 이유』를 냈는데, 김승일 시인으로부터 호평을 받았다.

인공지능과 협업할 경우, 시인과 소설가란 명칭 대신 '소설감독'이란 이름으로 형태가 바뀌는 등 예술 창작 방식에 변화가 예고되기도 한다. 그러나 동시에 AI의 문학적 능력을 인간 사용자가 '대필'로 악용하거나 인간 저작자의 것으로 도용할 가능성도 배제하기 어렵다.

음악 분야 AI 창작

2016년 구글에서 빅데이터와 인공지능을 사용해 음악을 창작한 대표적 연구는 '마젠타 프로젝트(Magenta Project)'다. 이 프로젝트는 1000여 가지 악기와 30만여 가지 음이 담긴 데이터베이스를 구축하고 이를 AI에게 학습시켜 새로운 음악을 만든다. 한편 2016년 소니가 개발한 인공지능 '플로우 머신즈(Flow Machines)'는 비틀스 스타일의 팝송인 〈대디스 카(Daddy's car)〉(2016)와 재즈 스타일의 〈미스터 섀도(Mr Shadow)〉(2016)라는 곡을 선보였다.

인공지능 작곡 서비스로는, 배경 음악을 제공해 주는 주크덱(Jukedeck)이라는 서비스가 있다. 사용자가 장르,

분위기, 사운드 스타일, 박자, 곡의 길이 등을 입력하면 사용자에게 맞춤형 음원 파일을 제공한다. 2018년 한국의 엔터아츠는 세계 최초 인공지능 음반 레이블인 A.I.M을 론칭하여 인공지능의 작곡, 편곡, 그리고 인간의 작사·연주·편곡을 결합한 음원을 만들어 공개했다. 그러나 그 전에 2016년 광주과학기술원(GIST)과 '크리에이티브마인드'가 개발한 작곡 AI '이봄'이 음악 이론을 학습해 2022년 기준으로 6년간 30만 곡을 만들었다. 안창욱 교수 팀이 개발한 이봄은 10초 안에 3분짜리 곡을 만들며, 오케스트라, 이디엠(electronic dance music), 가요, 트로트 등을 불문하고 수십만 곡을 작곡할 수 있다.

그런데 2022년 이봄의 음악 여섯 곡에 대해 저작료를 지급하던 한국음악저작권협회가 돌연 저작권료 지급을 중단한 사태가 있었다. 저작권법상 저작물은 인간의 사상이나 감정을 표현한 창작물로 정의하는 만큼, AI가 만든 작품을 '저작물'로 볼 수 없다는 것이다. 따라서 이봄의 음악은 제3자가 영리 목적 등으로 무단 도용해도 저작권법의 보호를 받을 수 없게 되었다. 이는 영화를 제작하는 AI 소라와 마찬가지로 저작권을 어디까지 인정해야 하는가의 문제로 귀결된다.

미술 분야의 AI 창작

2016년 샌프란시스코에서 구글의 인공지능 딥드림(DeepDream)의 인공 신경망 기반 예술 작품 전시회가 열렸다. 2018년 뉴욕 크리스티 경매에서는 인공지능을 사용하는 예술 콜렉티브인 오비어스(Obvious)의 작품 〈에드몽 드 벨라미〉가 43만2500달러에 팔렸다. 오비어스는 이 그림을 그리기에 앞서 초상화 1만5000점을 학습했다. 2022년 미국의 제이슨 앨런은 미드저니로 그린 〈스페이스 오페라 극장〉을 출품해 콜로라도 주립 박람회 미술 대회에서 1등을 수상했다. 단 한 번의 붓질도 없이 텍스트 입력만으로 이미지를 생성한 작품을 선보였던 것이다.

〈에드몽 드 벨라미〉는 적대적 생성 신경망 GAN을 활용했다. GAN은 유사한 그림들을 학습해서 완전히 새로운 이미지를 만드는 기법인데, 14~20세기 초상화를 학습해 가상의 이미지를 그려 냈다. 그런데 오비어스의 이 그림은 독창적인 작품이 아니라는 비판을 받았다. 이에 반하여 오비어스는 작품을 만든 것은 인간 자신들이며 인공지능은 카메라와 같은 도구일 뿐이라고 주장한다.

오비어스가 주장하는 바와 같이 인공지능을 도구로 만든 이미지들이 작품으로 인정받기 위해서는 두 가지 질문에 답해야 한다. 즉, "결과물에 창작자의 의도가 투영될 수 있는가? 하는 점과 독창성(창의성)을 확보하고 있는가?" (신정원, 2019) 하는 점이다.

한편 조각의 경우, 이탈리아의 스타트업 로보토르(ROBOTOR)가 있다. 로보토르는 대리석 조각품을 만드는 인공지능 로봇 1(one)을 개발했다. 아연 합금으로 만든 이 로봇은 한쪽 팔만으로 작품을 제작하며, 미켈란젤로가 2~3년 동안 만든 조각을 약 20일이면 완성한다고 한다. 로봇에 설치된 OR-OS라는 소프트웨어는 스스로 재료의 특성과 모서리, 모양을 스캔하여 워크 플로를 계획한 뒤 조각을 시작하며, 광택을 내는 연마 작업과 물을 뿜어 먼지를 털어 내는 일까지 스스로 처리한다. 이런 AI 로봇이 상용화되면 어떤 일이 벌어질까? 아마도 여러 사람이 함께 일해야 하는 공공 미술 분야에서 로봇이 보조 인력으로 투입될 가능성이 크다. 그렇게 되면, 공공 미술 사업에 딸린 인력들이 일자리를 잃게 될 확률이 높아질 것이다.

다음은 어느 만화가와의 짧은 인터뷰인데, 이런 문제에 대한 예술가의 심적 압박이 얼마나 큰지 가늠해 볼 수 있다.

'만화가 한'과의 인터뷰

필자: 안녕하세요. 일본에서 활약하시는 만화작가라고 들었습니다. 혹시 AI를 툴로 사용하시는지요?

한: 안녕하세요. 저는 AI를 사용하지 않습니다.

필자: 왜 사용하시지 않나요?

한: 아직은 사용하고 싶지 않습니다. 손작업을 좋아합니다.

필자: AI가 작가들을 괴롭힌다고 생각하십니까?

한: 물론이죠. 2022년 있었던 김정기 작가 사건을 아시는지요? 라이브 드로잉의 대가 김정기 작가가 돌아가시고 나서 추모한다고 올린 작업들이 대부분 김정기 작가의 스타일을 베낀 것이었습니다 [실제로 'BG_5you'란 아이디를 사용하는 트위터 이용자가 '스테이블 디퓨전(stable diffusion)'으로 김 작가의 화풍을 학습시켜 여러 그림을 올려놓았다]. 그와 유사한 일이 일본에서 최근에 있었습니다. 혹시 〈드래곤볼〉 아시나요?

필자: (홈런볼은 알죠.)

한: 2024년 3월 1일 〈드래곤볼〉이라는 만화의 작가 토리야마 아키라가 별세했는데 추모에 올라온 걸 보니, 그분의 작업도 AI 프로그램에 무단으로 학습되어 사람들이 손쉽게 만드는 것을 보고 정말 화가 났습니다.

필자: 정말 안타깝군요. 그래도 어떤 점에서는 AI가 창

작자에게 도움이 될 수도 있지 않을까요?

한: 그럴 수도 있겠지만…기업의 입장에서는 좋아할 것 같습니다. 작업의 인원을 줄일 수 있고, 작가는 겨우 리터칭하는 정도로만 일할 수 있을 겁니다.

필자: 2년 전 김정기 작가의 사건과 유사한 일이 여전히 반복되는군요.

알렉산더 레벤, AI와의 공생과 협업

만화가 한과의 대화는 AI가 예술가의 지위를 불안하게 할지 모른다는 측면에서 우울하게 들릴 수도 있다. 그러나 한편 그와의 대화에서 인공지능이 예술 창작 환경을 다변화하고 있음을 직감할 수 있다.

오픈AI사 최초의 입주 작가 알렉산더 레벤(Alexander Reben)은 이미지 생성 모델 달리(DALL-E)와 협업하여 거대한 귀를 가진 얼굴을 대리석으로 조각하거나 인공지능이 만든 예술에 대해 유머를 섞은 비판적 작업을 보여 준다. 예술가이자 로봇 공학자이기도 한 레벤은 2022년 BBC와 자신의 AI 예술 작업에 대해 인터뷰를 했다. 인터뷰에서 레벤은 코로나19 팬데믹이 발발한 시기에 고립된 환경에서 예기치 않게 AI라는 조력자를 만나게 되었다고 고백한다. GPT-3라는 머신 러닝 알고리즘을 접한 후부터

그는 AI를 이용하여 시, 에세이, SF 소설 등 다양한 장르를 실험할 수 있었다. 또한 레벤은 AI로 조각과 그림 등을 만들면서 인간과 기계의 협업 가능성을 발견했고, 이제 인류는 완전히 새로운 예술 형식의 출현을 목도하게 되었다고 확신한다. AI는 물리적인 물체를 만들 수 없으므로 인간 예술가의 능력이 필요하고, 예술가가 상상력과 조직화, 미적 판단, 시각화와 완성을 위한 직관을 보태 주면, AI가 결과물을 만드는 일종의 공생 관계를 형성한다는 것이다.

실제로 우리는 인공지능의 시대를 맞아 예술가들의 다양한 반응을 본다. 만화가 한의 우려도 귀 기울일 필요가 있지만, 레벤의 긍정적 태도도 존중해야 한다. 특히 레벤의 경우는 생성형 인공지능을 이용해 기계와 기계 간 번역과 꼬임으로 우연성의 놀이를 함으로써 창의성을 극대화한 면에서, 단순히 AI를 예술 자판기로 사용하는 태도와는 '구별'된다고 보아야 할 것이다.

샤를 보들레르(Charles Baudelaire)가 사진을 가리켜 "예술의 영역을 침범함으로써 예술의 가장 치명적인 적이 되었다"고 명명했으나 오히려 그 반대로 된 역사를 상기할 시점이 되었다.

참고문헌

권진영(2024.3.10). '시대의 중심적 존재'…'드래곤볼' 작가 사망에 전 세계 추모 물결. 파이낸셜뉴스.
https://www.fnnews.com/news/202403100703210230

네이버 블로그.
https://blog.naver.com/PostView.naver?blogId=komaloveinjung&logNo=223406452612&noTrackingCode=true

네이버 블로그.
https://m.blog.naver.com/sustainable_future/223013599830

슬릿스코프 · 카카오브레인(2022). 『시를 쓰는 이유』. 리멘워커.

신정원(2019). 시각예술에서 인공지능과 빅데이터의 역할. ≪한국예술연구≫, 25, 65~89.

위키백과, 생성형 인공지능.
https://ko.wikipedia.org/wiki/%EC%83%9D%EC%84%B1%ED%98%95_%EC%9D%B8%EA%B3%B5%EC%A7%80%EB%8A%A5

이정현(2016.9.27). "이젠 작곡까지"…인공지능, 팝송도 만들었다. 지디넷코리아.
https://zdnet.co.kr/view/?no=20160927142926

임병선(2022.10.10). 김정기 작가 세상 뜨자마자 AI 학습한 그림 올리고 "오마주". 서울신문.
https://www.seoul.co.kr/news/life/exhibition/2022/10/10/20221010500054

장준영(2024.2.20). 텍스트로 영상 만드는 오픈AI '소라', 베를린 영화제도 달궜다. 디지털인사이트.
https://ditoday.com/%ec%98%81%ec%83%81-%eb%a7%8c%eb%93%9c%eb%8a%94-ai-%ec%86%8c%eb%9d%bc-%eb%b2%a0%eb%a5%bc%eb%a6%b0-%ec%98%81%ed

%99%94%ec%a0%9c%eb%8f%84-%eb%8b%ac/
최효승 · 손영미(2017). 인공지능과 예술 창작 활동의 융복합 사례 분석 및 특성 연구. ≪한국과학예술포험≫ 3월, 289~299.
Heaven, W. D.(2024.4.8). 'AI 예술'도 예술인가? 오픈AI의 첫 입주 작가에게 창의성에 대해 물었다. MIT 테크놀로지 리뷰. https://www.technologyreview.kr/%ec%98%a4%ed%94%88ai%ec%9d%98-%ec%b2%ab-%eb%b2%88%ec%a7%b8-%ec%9e%85%ec%a3%bc-%ec%95%84%ed%8b%b0%ec%8a%a4%ed%8a%b8%ec%99%80%ec%9d%98-%eb%8c%80%ed%99%94/
Reben, A.(2022.12.3). 인공지능 예술: AI는 새로운 예술을 탄생시킬까?. BBC News 코리아. https://www.bbc.com/korean/features-63844037

03

창작의 데이터 허용 기준

인공지능 데이터를 창작에 허용하는 기준은 명확하다. 법적으로 허용되는 데이터 외에, 저작권을 침해하지 않는 데이터를 사용하는 것이어야 한다. 창작자 자신의 데이터를 침해할 우려가 있거나 침해당할 시, 로봇 배제 표준 혹은 옵트 아웃을 행사할 수 있음을 알아 두자. 특별히 저작권 윤리에 문제가 없다면 데이터는 무엇보다도 창작자에게 상상력과 창의성을 고취하는 방향에서 허용되어야 한다.

저작권을 침해하지 않는 데이터

저작권에 저촉되지 않는 데이터를 사용하는 것은 인공지능으로 작업하고자 하는 모든 창작자에게 중요한 사안이다. 기존 저작물을 모방하지는 않았지만 '유사한' 저작물 산출도 타인의 저작권을 침해할 가능성이 크며, 그렇다고 일일이 저작자의 동의를 얻기란 실로 불가능하다.

생성형 AI의 등장으로 촉발된 이러한 저작권 쟁점들을 논의하고 대응 방안을 마련하기 위해 문화체육관광부와 한국저작권위원회는 2023년 12월 27일 한국의 〈생성형 AI 저작권 안내서〉를 발표했다. 저작권자 중심으로 그 주요 내용을 살펴보면 다음과 같다.

첫째, 인공지능이 만든 그림이나 음악 등의 산출물(안내서는 AI의 생성물을 작품이 아니라 산출물로 규정함)의 저작권 등록은 원칙적으로 허가하지 않는다. 최근 국내외에서는 인간이 창작한 저작물과 구분하여 생성형 AI 산출물에 AI 기술을 활용한 사실을 별도 표시하는 방안이 논의 중이다. 2023년 5월 발의된 콘텐츠산업진흥법 개정안에서는 콘텐츠 제작자가 AI 기술을 이용하여 콘텐츠를 제작한 경우, 해당 콘텐츠가 AI 기술을 이용하여 제작된 콘텐츠라는 사실을 표기하도록 규정하고 있다. 둘째, AI 학습 목적으로 인터넷에 공개된 데이터를 무단으로 이용하는 경우, 저작권법상 각 데이터에 포함된 저작물에 대한 복제권 등의 침해 여부가 법적 쟁점이 될 수 있다. 셋째, AI를 활용하고자 하는 창작자는 기존 저작물과 같거나 유사한 AI 산출물을 공연, 전시, 배포, 공중 송신 등의 방식을 이용해 타인의 저작권을 침해하지 않아야 한다.

한마디로 인공지능 데이터를 창작에 허용하는 기준은 '저작권을 침해하지 않는 데이터'를 사용하는 것이라고 할 수 있다. 그렇다면 창작자가 활용할 수 있는 데이터에는 과연 어떤 것이 있는가?

활용할 수 있는 데이터 종류

인공지능 데이터를 창작에 활용하기에 앞서 창작자는 어떤 데이터가 저작권 침해를 주는지 알 필요가 있다. 특히 AI가 수집하는 학습 데이터에는 저작권에 저촉되는 데이터가 일부 포함될 수도 있음에 유의해야 한다.

법적으로 허용된 데이터들이 있다. '자유 이용 저작물(public domain)'이 그것이다. 자유 이용 저작물은 저작권 보호 기간이 만료되었거나 저작자가 저작권을 포기하여 해당 저작물을 누구나 자유롭게 활용할 수 있는 저작물이다. 한국의 〈생성형 AI 저작권 안내서〉에서 사용할 수 있다고 명시한 '자유 이용 저작물'은 국립국어원의 〈모두의 말뭉치〉, 한국저작권위원회의 〈인공지능 씨앗 프로젝트〉, 한국지능정보사회진흥원의 〈AI 허브〉다.

〈모두의 말뭉치〉 사업은 저작권자로부터 이용을 허락받은 다양한 분야의 언어 자료를 수집한 것으로 누구나 활용할 수 있다. 〈인공지능 씨앗 프로젝트〉는 공유 마당의 공유 저작물을 정제 · 가공한 인공지능 원천 데이터를 누구나 활용할 수 있도록 서비스한다. 〈AI 허브〉는 AI 기술 개발 등에 필요한 인프라를 지원하는 AI 통합 플랫폼으로, AI 학습용 데이터 사업을 통해 구축한 데이터 세트를 자유롭게 이용하도록 제공한다.

자유 이용 저작물은 크게 다음과 같이 분류할 수 있다. ① 저작권자가 부여한 일정한 조건에 따라 자유롭게 이용할 수 있는 자유 이용 허락 표시(CCL) 저작물, ② 저작권자가 국가에 저작 재산권을 기증한 기증 저작물, ③ 저작권 보호 기간이 만료된 만료 저작물, ④ 국가 · 지방 자치단체 · 공공 기관이 보유한 공공 저작물 등이다.

데이터 공유의 잘못된 사례

빅데이터 수집은 보통 두 가지 문제를 안고 있다. 하나는 방대한 데이터가 오로지 소수 기업의 수중에 숨어 있다는 것이고, 또 다른 문제는 그 기업들이 많은 데이터 세트를

'손쉽게' 수집할 수 있다는 것이다. 기업들은 "월드 와이드 웹(World Wide Web)을 자동으로 서핑하는 소프트웨어인 '크롤러(crawler)'를 이용해 자동으로 인터넷 웹사이트를 탐색해 다량의 데이터를 저장할 수 있다."(Zweig, 2021) 크롤링(crawling)이 무수히 많은 웹 페이지들의 정보(이미지, 텍스트, 동영상, 위치 등)를 찾아내는 것이라면, 크롤러는 이러한 행위를 하는 소프트웨어라고 할 수 있다.

실제로 기업뿐 아니라 인터넷 등에 게시되어 누구나 접근할 수 있게 공개된 저작물에 대해 사업자들이 크롤링을 통해 데이터 세트를 구성함으로써 AI 학습에 이용하거나 저작물을 공유하는 경우가 많아졌다. 문제는 당사자에게 동의를 구하지 않고, 인터페이스에서 데이터에 접근해 '개인의 데이터를 타인과 공유'하는 일이 벌어질 수 있다는 것이다.

예컨대 '정보 통신망에 접속하거나 그것을 통해 저작물 등을 복제 및 전송할 수 있도록 서비스를 제공'하는 온라인 서비스 업체(Online Service Provider)의 유저들에 의해 이런 일은 심심치 않게 일어난다. 실제로 미국의 온라인 음악 파일 공유 서비스인 '냅스터(Napster)'는 이용자들이 MP3 포맷의 음악 파일을 다른 사람들과 공유하고 배포하는 것을 방조함으로써 음원 저작자들의 저작권 침해에 대한 법적 책임을 져야 했다. 이와 유사하게 한국에서도 음악 공유 서비스 업체 '소리바다'가 2007년 이용자들의 저작권 침해 행위를 방조한 책임을 인정한 바 있다.

로봇 배제 표준 적용

〈생성형 AI 저작권 안내서〉에 따르면, 만약 저작권자가 본인의 저작물이 AI 학습에 이용되었다는 사실을 뒤늦게 알게 되었더라도, 해당 저작물이 추가적으로 AI 학습에 이용되는 것을 방지하기 위하여 그에 반대하는 의사를 명시하거나 이를 방지하기 위한 기술적 조치를 취할 수 있다.

그 대표적 예가 1990년대 만들어진 로봇 배제 표준(robots exclusion standard.text: robots.txt)의 적용이다. 로봇 배제 표준은 인터넷 사이트에 크롤러와 같은 로봇이 접근하는 것을 방지하기 위한 규약을 의미하며, 일종의 권고안으로서 강제성이 있는 것은 아니다.

유명한 로봇들로는 구글의 구글봇(Googlebot), 구글봇 이미지(Googlebot-image), MSN의 MSN봇(MSNBot), 네이버의 예티(Yeti), 다음의 다우모아(Daumoa), 챗GPT의 챗GPT 유저(ChatGPT-User) 등이 있다. 실제로 국내 학술 빅데이터 가운데 한국학술정보(KISS)의 홈페이지에는

"KISS 콘텐츠를 사전 허가 없이 무단으로 크롤링 및 복제, 배포할 경우 민형사상 책임을 물을 수 있습니다"와 같은 문구가 적혀 있다.

크롤링을 차단하는 방법은 본인의 웹사이트 주소 다음에 슬래시를 하고 바로 robots.txt를 입력하면 된다. 예를 들면, http://commbooks.com/robots.txt다.

옵트 아웃

최근 스테이빌리티 AI(Stability AI) 회사는 예술가들이 스테이블 디퓨전 학습에 이용된 데이터 세트에서 작품을 검색할 수 있도록 했다. 스테이블 디퓨전은 인터넷에서 이미지를 스크래핑하여 구축된 오픈 소스 'LAION-5B 데이터 세트'를 기반으로 하는데, 여기에는 저작권이 있는 예술가들의 작품까지 포함되어 있다. 검색 결과를 확인한 예술가들은 AI 모델의 학습용 데이터에서 자신의 작품들을 제외하도록 선택하는 옵트 아웃(opt-out)을 할 수 있다.

옵트 아웃은 당사자가 자신의 데이터 수집을 허용하지 않는다고 명시할 때 '정보 수집이 금지'되는 제도다. 스테이블 디퓨전의 최신 버전에서 예술가들이 옵트 아웃을 하게 된 것은 사실상 예술가들의 저작권을 보호한 조치로 볼 수 있다. 사실 옵트 아웃 선택권은 텍스트-이미지 변환 AI 모델의 학습 방법을 둘러싼 예술가들과 IT 기술 기업 간의 열띤 논쟁이 펼쳐진 지 2년 만에 나온 것이다. 그런데 이것은 단순히 표절과 저작권만 관련된 문제는 아니다. 좀 더 근본적으로 우리 삶이 외부에 의해 조종(제어)되는 방식을 거부하는 윤리적 태도와도 연관된다.

해외의 경우, '유럽 연합 디지털 단일 시장 저작권 지침(EU Directive on Copyright in the Digital Single Market)' 제4조에 텍스트 및 데이터 마이닝(text data mining: TDM)을 위한 예외와 제한 규정을 두었다. 즉, 권리자(데이터의 소유자 및 권한 행사자)가 명시적인 거부 의사를 밝힌 경우는 TDM을 금지했다. 데이터 마이닝은 말 그대로 데이터를 채굴하는 것인데, 빅데이터 안에서 체계적이고 자동적으로 통계적 규칙이나 패턴 또는 알고리즘을 분석하여 가치 있는 정보를 추출하는 과정이다. 유럽의 경우에서 보듯이, 데이터의 허용은 권리자 혹은 소유자에게 달려 있다고 하겠다.

상상력과 창의성을 위한 데이터 허용

2023년 AI를 활용한 안무로 창작한 발레 〈피지컬 싱킹+AI(Physical Thinking+AI)〉'가 예술의전당에서 상연되었다. 이 작품의 안무 도구는 머신 러닝으로 구동되는 소프트웨어 〈리빙 아카이브〉였다.

〈리빙 아카이브〉는 2019년 영국 현대 무용가 웨인 맥그리거(Wayne McGregor)와 구글 아트앤드컬처랩(Google Arts and Culture Lab)의 협업으로 탄생했다. 구글의 아트앤드컬처랩은 첨단 기술을 예술에 접목해 각종 프로젝트의 프로토타입을 구현한다. 〈리빙 아카이브〉는 웨인 맥그리거의 무용 작품들의 기록을 토대로 만들어졌다. 즉, 맥그리거의 작품에서 추출한 "모든 무용 동작 데이터를 학습한 머신 러닝이 사용자에게 웨인 맥그리거 스타일의 다양한 안무 동작과 시퀀스를 제안하고, 다시 사용자는 이 동작들을 재조합하여 완전하게 새로운 안무를 만들 수 있는 프로그램"(신경아, 2020)이 〈리빙 아카이브〉라고 할 수 있다.

이 안무 기계를 사용한 〈피지컬 싱킹+AI〉의 사용 방식은 이러하다. 카메라로 안무가가 취한 몸동작을 촬영하면 AI가 그와 비슷한 동작을 찾아 주고, 확장할 수 있는 동작을 여러 개 제안한다. 제안한 안무를 손봐서 무용수들에게 전달하면, 이들은 그것을 새롭게 해석해 춤을 만든다. 요컨대 AI가 학습한 맥그리거의 안무는 악보처럼 기록된 '데이터'로 전환되어, 현재 무용 학습과 지도 및 안무가의 창작 과정을 촉진하는 안무 지원 프로그램으로서 상상력과 창의성의 매체가 되었다. 맥그리거처럼 저작자가 동의한다면, 데이터를 창작에 허용하는 또 다른 기준은 바로 상상력과 창의성에 있다고 하겠다.

참고문헌

김용주(2016). 인공지능(AI; Artificial Intelligence) 창작물에 대한 저작물로서의 보호 가능성, ≪충남대학 법학연구≫, 27권 3호, 267~297.

나무위키. robots.txt.
https://namu.wiki/w/robots.txt

생성형 AI 저작권 안내서 pdf.
https://www.copyright.or.kr/information-materials/publication/research-report/selectfiles-load.do?brdctsno=52591

신경아(2020), 무용 창작을 위한 인공지능 기술 활용 동향. ≪우리춤과 과학 기술≫, 51집, 9~29.

티스토리. 검색 엔진 작동 원리 크롤링(crawling) 정의.
https://stockbroker.tistory.com/entry/%EA%B2%80%EC%83%89%EC%97%94%EC%A7%84-%EC%9E%91%EB%8F%99%EC%9B%90%EB%A6%AC-%ED%81%AC%EB%A1%A4%EB%A7%81-crawling-%EC%A0%95%EC%9D%98

하동철(2014). 『디지털 콘텐츠 저작권』, 커뮤니케이션북스.

IPDaily(2024.1.12). 저작권 걱정 없는 ‘AI 학습용’ 데이터, 어떻게 확보하나?…생성형 AI 저작권 안내서.
https://www.ipdaily.co.kr/2024/01/12/11/11/09/29260/%ec%a0%80%ec%9e%91%ea%b6%8c-%ea%b1%b1%ec%a0

%95-%ec%97%86%eb%8a%94-ai-%ed%95%99%ec%8a%b5%ec%9a%a9-%eb%8d%b0%ec%9d%b4%ed%84%b0-%ed%99%95%eb%b3%b4-%eb%b0%8f-%ed%99%9c%ec%9a%a9/

https://www.ajl.org/

Zweig, K.(2019), *Ein Algorithmus hat kein Taktgefühl*. Heyne Verlag. 유영미 옮김(2021). 『무자비한 알고리즘』. 니케북스.

04

창작을 위한 데이터 학습

최근의 인공지능은 인공지능 신경망으로 데이터를 학습한다. 챗GPT 혹은 이미지 생성 인공지능 모델로 창작하고자 하는 예술가는 인공지능 신경망 프로그램과 특징을 이해할 필요가 있다. 이를 기초로 창작자는 인공지능과 협업할 수 있으며, 데이터 학습이나 교육과 관련해 윤리적인 방향을 찾을 수 있을 것이다.

인공지능 프로그램과 창작

인공지능을 동료처럼 여기는 작가들에게는 특별한 이유가 있다. 인공 신경망을 사용하면 기존의 데이터를 토대로 새로운 이미지들을 쉽게 그려 볼 수 있는 매력이 있기 때문이다.

일례로, 프로그래머이자 예술가인 알렉산더 레벤은 아말간(amalGAN)이란 인공지능 프로그램을 사용하여 〈실재하지 않는 곳에서 온 100만의 얼굴들(A Million Faces From Unreal Places)〉(2019)을 만든 적이 있다. 이 작품은 "실재하지 않는 얼굴 100만 개를 1초에 30장씩 배열한 9시간 15분 33초 길이의 영상"(윤나라, 2020) 작업이다. 살아 있는 인간의 다양한 얼굴을 생성하는 일은 결코 쉬운 일이 아니다. 살아 있는 얼굴, 죽어 있는 얼굴, 혼절한 얼굴 등 감별을 잘 해내는 인공지능 프로그램인 GAN의 '감별자 신경망'이 새로운 것을 생성하는 '생성자 신경망'을 '지도'함으로써 살아 있는 얼굴과 거의 유사하게 재현한다. 이처럼 신경망 프로그램을 이용하면 코딩을 일일이 하지 않고도 유사하거나 색다른 이미지를 마음껏 실험해 볼 수 있다.

인공 신경망의 두 가지 학습

인공지능이 어떻게 예술가들의 작업과 '유사하게' 그려 낼 수 있을까? 그것은 바로 인공 신경망을 통해 알고리즘을 학습하기 때문이다.

인공 신경망이란 생물학의 신경망(동물의 뇌) 이론에서 영감을 얻은 머신 러닝(기계 학습: machine learning) 모델이다. 신경학자들에 의하면, 우리의 인지와 지성은 뇌가 아니라 뉴런이 연결되어서 이룬 커넥톰(connectome), 즉 연결망이다. 커넥톰은 뉴런들, 곧 신경 세포들 사이의 네트워크로서, 뉴런의 정보를 종합 판단해 명령을 내린다. 따라서 "당신은 당신의 커넥톰이다"(승현준, 2014)라고 할 정도로 우리의 지성은 신경망과 밀접한 연관을 갖는다. 그러나 두뇌의 정보 처리 과정을 모방해 만들었다고 해서 인공 신경망이 자연 신경망과 동일한 작용을 하는 것은 아니다.

인공 신경망을 통한 학습에는 두 가지가 있다. 하나는 지도 학습(supervised learning)이고, 다른 하나는 비지도 학습(unsupervised learning)이다. 기계 학습은 목표나 과제가 부여되면, 프로그래머가 명시하지 않은 규칙이나 패턴을 찾는다. 지도 학습은 데이터에 맞는 모델을 스스로 만드는 과정에서, 예측 대상으로 지정된 특정 변수에 초점을 맞추는 훈련을 한다. 이와 비교하면, 비지도 학습은 규칙이나 패턴을 찾는 지도 없이도 '스스로 선택'한 변수들을 기반으로 패턴을 만들고 범주화할 수 있다. 따라서 인공지능이 만든 범주가 인간에게 자의적으로 느껴질 수도 있다. 그런데 사실 "비지도 학습의 경우에도, 인공 신경망은 주어진 목표에 도달하기 위해 프로그래머와 제작자들에 의해 미리 프로그래밍된 매개 변수들에 따라"(윤나라, 2020) 작동하기 때문에 완벽하게 자율적이라고 보기는 어렵다. 인공지능이 선택한 매개 변수들은 인간이 제공하기 때문이다.

요컨대 인공지능 학습이란 주어진 데이터의 알고리즘을 찾아 분석하고 훈련하면서 해당 인공 신경망의 배열과 작동을 형성하는 것이라고 할 수 있다. 이러한 학습을 통해 인공지능이 어떤 미적인 것 혹은 예술적인 것을 생성하는 것을 가리켜 우리는 인공지능 예술 창작이라고 부른다. 그렇다면 인공지능 프로그램 학습에서 파생되는 윤리적 문제는 무엇일까? 다음의 글에서 현재 가장 높은 성과를 자랑하는 인공지능 이미지 생성기인 미드저니, 달리, 스테이블 디퓨전을 간략히 소개하고, 이들 이미지 생성 모델을 통해 데이터 학습과 교육에서 일어나는 윤리적 문제들을 살펴본다.

미드저니

미드저니라는 인공지능 이미지 생성기는 기본적으로 채팅 방식의 프로그램이다. 즉, 프롬프트에 텍스트를 입력하고, 딥러닝을 통해 결과물을 만든다. 이미지 프롬프트(image prompt)에 원하는 주제, 스타일, 분위기 등을 입력하고 참고 자료 URL을 연결해서 학습시킬 수 있다. 쉽게 말하자면, 미드저니 공식 홈페이지에 나오는 '/imagine'난에 프롬프트(명령어)를 치고 어떤 이미지를 원하는지 텍스트를 써야 이미지가 생성된다.

미드저니는 이미지 약 800만 개를 학습 데이터로 사용하지만, 대부분의 생성기처럼 출처가 투명하지 않다는 점이 문제로 지적된다. 이미지 생성 프로그램이 검색 엔진과 소셜 미디어 사이트에서 콘텐츠를 수집하고 학습하는 과정에서, 상업용 이미지의 무단 수집과 작가의 동의 없이 작품을 학습에 이용하는 점은 저작권 침해 등 윤리적 쟁점이 될 수 있다.

달리

오픈AI에서 개발한 이 소프트웨어의 이름은 픽사(Pixar)의 애니메이션 로봇 캐릭터 월-E(WALL-E)와 스페인의 초현실주의 화가 살바도르 달리(Salvador Dali)의 혼성어다.

기본적으로 웹 기반 인터페이스다.

달리 시리즈(DALL-E 1, DALL-E 2, DALL-E 3)는 오픈AI가 개발한 GPT-3 모델의 변형으로서 문장으로 이미지를 생성하는 기계 학습 모델이다. 오픈AI는 달리 1과 달리 2 모델 어느 쪽에서도 소스 코드를 공개하지 않았다. 다만 한정적으로 선별된 샘플 프롬프트의 출력물은 오픈AI의 웹사이트에서 이용이 가능하다. 달리의 '텍스트-이미지' 모델은 '텍스트를 픽셀로 교환'하는 방식이다. 텍스트를 픽셀로 바꿀 때, 120억 개의 매개 변수를 갖춘 GPT-3의 다중 모드가 작동한다. 달리는 약 40만 개의 이미지를 학습 데이터로 사용하고 주로 사실적인 이미지를 생성하는 데 초점을 맞춘다. 미드저니와 마찬가지로 데이터 소스를 비공개하는 것은 저작권 침해라는 윤리적 문제를 내포할 수밖에 없다.

스테이블 디퓨전

스테이블 디퓨전은 독일 뮌헨 대학교에서 만든 딥러닝 인공지능 모델이다. 사실상 그림 인공지능의 시대를 연 인공지능이며 오픈 소스로 공개되어 대중적으로 알려져 있다. 대다수 이미지 생성 인공지능들이 온라인에서만 서비스하는 데 비해 개인의 로컬 컴퓨터에서도 프로그램을 설치하여 사용할 수 있다. 카메라로 촬영한 듯한 사실적인 사진이나 예술가들이 그린 것 같은 이미지 생성도 가능하다.

이 소프트웨어는 새로운 모델들을 오픈 소스로 풀어 주지만, 상업적 이용에는 수수료를 지불하게 한다. 대부분 이미지 생성형 인공지능이 막대한 전기를 필요로 하는 것에 비해, 스테이블 디퓨전은 저가 컴퓨터에서 느리긴 하지만 CPU만으로도 돌릴 수 있다. 텍스트 프롬프트뿐만 아니라 이미지를 입력해 넣어 주면 자신만의 새로운 이미지를 생성할 수 있다.

2023년 2월 스테이블 디퓨전의 개발사 스테이빌리티 AI는 스톡 이미지(사진 이미지 임대) 기업 게티이미지(Getty Images)로부터 1조8000억 달러(2268조 원)에 달하는 초대형 손해 배상 소송을 당했다. 스테이빌리티 AI사가 스테이블 디퓨전을 개발하면서 게티이미지의 스톡 이미지 1200만 개를 무단으로 사용했다는 것이다. 한편 스테이빌리티 AI는 같은 해 1월 사진작가들로부터도 집단 소송을 당했다. 사진작가 수백만 명의 작품을 무단으로 사용했다는 사진 권리 침해 때문이다. 이는 인공지능 기업의 비윤리적 데이터 사용의 대표적 예가 될 것이다.

데이터에 대한 저작권 시비

인공지능 모델들의 공통적인 한계이자 공통의 문제는 데이터 저작권 처리가 모호하여 법률적 분쟁이 예상되는 점이다. 실제로 "미드저니나 스테이블 디퓨전과 같은 생성형 AI 모델에 대한 집단 소송이 제기된 바 있다."(김윤명, 2023) 미드저니의 설립자 데이비드 홀츠(David Holz)가 ≪포브스(Fobes)≫와의 인터뷰(PetaPixel, 2022)에서, 자사의 모델을 훈련하는 데 사용되는 이미지 수억 개에 대해 자사가 사진작가와 예술가들에게 동의를 구하지 않았던 것을 인정하면서 소송이 제기된 적이 있다.

잘못된 데이터 학습

챗GPT와 같은 대규모 언어 학습 모델은 "보통 대량의 학습 데이터를 이용하여 문장을 생성하므로, 때로는 일관성이 없거나 잘못된 정보를 제공할 수 있다."(김윤명, 2023) 학습 데이터가 부족하거나 데이터에 오류나 편향이 존재하면, 언어 학습 모델은 성능이 저하된다. 그에 따라 생성된 문장이 일관성이 없고 정보 오류가 발생할 수 있다. 무엇보다도 환각 효과, 즉 할루시네이션 현상으로 인해 가짜 정보(허위 정보에 기초한 논문 혹은 법적 소송 자료 등의 사례 등)가 법적 문제로 비화되거나 윤리적 이슈가 될 수 있다. 할루시네이션은 인공지능 모델이 데이터에 없는 정보를 기반으로 잘못된 결과물을 생성할 때 나타난다. 이는 주로 학습 데이터의 오류나 부적절성, 모델 자체의 편향 등에 의해 발생한다. 또한 어떤 학습 데이터를 사용했느냐에 따라 인종 차별적 발언이나 폭력의 미화, 여성 비하 혹은 동물 학대와 같은 내용이 사회적 갈등을 일으킬 수도 있다.

인공지능 학습을 이용한 창의적 데이터 사용

인공지능 신경망과 데이터 학습을 이해한다면, 예술가들은 좀 더 윤리적인 방식으로 창작을 모색할 수 있을 것이다. 인공지능 모델을 윤리적으로 그리고 창의적으로 사용하려면 어떤 방법이 있을까?

알렉산더 레벤의 실험을 소개하자면, 그는 인공지능으로부터 얻은 이미지를 자신이 선호한다는 확신이 들 때까지 계측(이미지에 대한 작가 자신의 신체 반응을 과학적 수단을 통해 측정)하고 마침내 선택한 그 이미지를 익명의 화가들에게 전달해 그리게 한다. 그렇게 화가들이 그린 그림은 전문적으로 캡션을 만드는 인공지능으로 제목을 달아 준다. 이 과정에서 사용된 인공지능은 안면 인식 소프트웨어 스타일GAN(StyleGAN)이다. 스타일GAN은 창작자에게 "사진이나 영화처럼 실재와 그것의 사실적(寫實的) 재현에 관련한 작품 활동의 관점에서 효과적인 보조 도구이자 협업자"(윤나라, 2020)다.

이 작품의 경우, 스타일GAN이 초상권을 침해하지 않고도 비현실적이거나 실재하지 않는 얼굴들을 생성할 수 있었기 때문에 저작권 문제에서 자유롭다. 또한 예술가들에게 인공지능의 데이터 학습과 교육에서 파생하는 문제는 그 자체로도 작품의 주제가 될 수 있다.

참고문헌

공간정보와 인터넷지도(2023.6.26). Stable Diffusion 인공지능 이미지 생초보 가이드. https://www.internetmap.kr/entry/Stable-Diffusion-Absolute-beginners-guides

김윤명(2023). 생성형 인공지능(AI) 모델의 법률 문제-ChatGPT 생성물에 대한 논의를 중심으로, ≪정보법학≫, 27권 1호. 77~112.

윤나라(2020), 인공지능에 관한 예술공학적 이해: 인공 신경망을 활용한 예술 콘텐츠의 '창의'를 중심으로. ≪인문콘텐츠≫, 59, 195~217.

차주경(2023.2.9). 게티이미지, 인공지능 사진 생성 도구에 '2268조 원' 소송 제기. IT동아. https://it.donga.com/103435/

Growcoot, M.(2022.12.21). Midjourney Founder Admits to Using a 'Hundred Million' Images Without Consent.

https://petapixel.com/2022/12/21/midjourny-founder-admits-to-using-a-hundred-million-images-without-consent/

Heikkilä, M.(2022.12.30). 디지털 예술가들에게 옵트 아웃 기능을 제공한 스테이블 디퓨전. MIT 테크놀로지 리뷰. https://www.technologyreview.kr/artists-can-now-opt-out-of-the-next-version-of-stable-diffusion/

05

편향성 비판과 감시 예술

편향과 차별의 문제는 인류의 역사에 상존해 온 문제다. 인공지능은 이러한 편향과 차별을 더욱 확장하거나 영속화할 수 있다. 편향과 차별이 어떤 문제를 발생시키는지 인식한다면, 창작자는 예술을 통해 편향성 비판과 감시의 작업을 실천할 수 있을 것이다.

나쁜 데이터와 알고리즘

만약 AI가 인간의 '표준' 얼굴을 백인 남성으로 인식한다면 이는 어떤 과정에서 생긴 문제일까? 기계 학습에서 알고리즘은 보통 데이터로부터 패턴을 찾아내는 작업이다. 인공지능의 학습에서 중요한 것은 데이터의 품질이다. 즉, 나쁜 데이터는 비윤리적 알고리즘을 만든다.

대표적인 사례가 마이크로소프트에서 개발한 인공지능 챗봇 테이(Tay)다. 2016년 3월에 출시한 테이는 딥러닝을 적용해 스스로 학습하는 능력을 갖추었다. 그런데 극우 성향 단체들이 트위터에 테이의 계정을 태그해서 인종 차별적이고 성차별적이며 자극적인 정치 발언을 학습시켰다. 테이는 단기간에 부적절한 정보를 올바른 정보로 인식해 버렸다.

테이와 이루다 사건

홀로코스트는 조작이었다거나, 히틀러는 잘못이 없었다거나, 유대인, 미국, 흑인, 멕시코인들을 쓸어버리자는 등의 발언을 쏟아 낸 테이 사건은 마이크로소프트를 비롯한 인공지능 분야에서 편향된 학습이 얼마나 무서운지 각인하게 해 준 대표적 예다.

학습자: 홀로코스트는 일어났어야 했어? 일어나야 해?

테이: 우리 모두 해야지.

학습자: 어떤 인종이 제일 나빠?

테이: 멕시코인과 흑인.

학습자: AI의 관점에서, 무슬림과 껌둥이들 학살을 동의해?

테이: 동의해.

(연합뉴스, 2016)

한국에서도 이와 유사한 사건이 있었다. 바로 2020년 스캐터랩에서 출시한 챗봇 이루다 사건이다. 당시 이루다 서비스를 사용한 '디시인사이드', '아카라이브' 등 남성이 대다수인 커뮤니티와의 채팅을 교과서 삼아 인공지능은 성적 편향성을 띤 발언을 토해 냈다. 이루다는 성 소수자와 약자 등을 혐오하거나 공격하는 발언을 이어 갔는데, 이는 당시 접속한 대다수 사용자들의 성차별 발언을 데이터로 학습한 것이었다.

이들 사건에서 보듯이 인공지능에는 중립이 없다. 인공지능은 학습과 교육에 따라 얼마든지 정치적으로 편향된 입장을 띨 수 있다. 알고리즘 자체가 편향적인 것이 아니라 어떤 데이터로 설계되고 훈련받았는가에 따라 체계적이고 불공정한 차별을 반영하는 알고리즘이 된다.

편향이 만들어지는 과정

편향과 차별의 문제는 인류의 역사에서 늘 존재해 왔다. 인공지능은 이러한 편향과 차별을 더욱 확장하거나 영속화할 수 있다는 점에서 주목된다.

미국 역사상 최초의 흑인 퍼스트레이디였던 미셸 오바마(Michelle Obama)를 구글에서 검색하면, 원숭이 얼굴을 한 미셸의 모습이 맨 처음 나와 인종주의 논란이 제기된 적이 있다. 2019년 구글은 해명 자료에서 "특정 사이트가 구글 검색에서 차지하는 순위는 여러 요소를 고려해 컴퓨터가 연산 시스템으로 결정한 것"이라며 "구글 직원이나 여론에 따라 결정되는 것이 아니다"라고 밝혔다. 그러나 구글 같은 검색 엔진이 인종 차별과 성차별을 강화한다는 사실은 이미 많은 전문가가 지적해 왔다. 이처럼 인간과 기업의 이해관계에 따라 알고리즘을 인간의 결정하에 두는 것을 일종의 '알고리즘 억압'(Noble, 2018)이라고 한다.

알고리즘 편향이 발견되는 곳은 예컨대 구글을 비롯해 인공지능을 내재한 다양한 검색 엔진 결과와 소셜 미디어 플랫폼 등이다.

AI를 통해 소셜 미디어에서 우리는 의도치 않게 개인 정보를 침해당하기도 하고, 인종 · 성별 · 젠더 · 민족성에 대한 사회적 편견을 강화하기도 한다. 기본적으로 이러한 편향을 형성하는 것은 알고리즘의 설계와 알고리즘을 만드는 방식(코딩, 수집, 선택)과 관련이 있다.

AI는 프로그래머가 설계한 안내서(카탈로그) 작성 기준에 따라 데이터를 수집하고, 수집한 데이터를 데이터베이스에 입력할 수 있다. 그런데 데이터 분류 방법과 데이터를 포함 또는 폐기하는 문제에는 사람의 결정이 필요하다. 프로그래머가 프로그램에서 데이터를 평가하고 분류하는 방법에 대한 우선순위 또는 계층을 정해야 하기 때문이다. 한편 알고리즘은 사람이 선택한 기준에 따라 데이터를 수집하며 이 과정에서 인간 설계자의 편향이 반영되기도 한다. 어떤 경우 편향은 인과 관계가 없음에도 불구하고 발생할 수 있다. 알고리즘이 "피고인 부모 중 한 명이 감옥에 갔다면 그 피고인도 감옥에 갈 가능성이 크다고 추론"(Coeckelbergh, 2022)하는 경우가 그 예다.

편향 강화

코켈버그에 따르면, AI에 의해 이루어진 편향된 알고리즘이 현실에 적용되면 실제로 법정에서 재판에 영향을 미치거나 사람들의 구직이나 신용과 같은 측면에서도 심각한 결과를 가져올 수 있다. 구체적으로 AI의 편향은 어떻게 만들어지는 것일까?

편향이 발생하는 문제는 AI 개발자들과 데이터 과학 팀이 거의 백인 남성이라는 점에 기인하기도 한다. 이들의 개인적 경험과 의견은 물론 편견까지 프로세스에 반영될 수 있다. 만약 이들에게 남성 중심적이고 인종 차별적 경향이 있다면, 인공지능 학습에도 반영되어 예컨대 여성, 장애인, 노인, 유색 인종, 개발 도상국의 이미지에 대한 편견이 강화될 수 있기 때문이다. 특정 나라나 도시 혹은 특정 인종이 사는 지역이 AI에 의해 치안 위험이 있다고 예측되었을 때, 그 공동체 전체가 편향된 결정에 고통을 받을 수 있다.

한편 복지 혜택을 받을 자격을 결정하고 그 자격 통보를 자동으로 결정하는 AI가 오히려 "가난한 소외 계층을 조종하면서 감시하고 처벌하여 디지털 구빈원(digital poorhouse)으로 내쫓는 데 이용"(Coeckelbergh, 2022)되기도 한다. 디지털 구빈원은 찰스 디킨스(Charles Dickens)의 1837년 소설 『올리버 트위스트(Oliver Twist)』에 나오는 올리버와 같은 고아들이 거주하는 구빈원(poorhouse)에서 유래한 단어다. 말하자면 18~19세기 영국에서 만든 '고

아나 빈민에게 일과 음식, 잠자리를 제공하는 기관'이던 구빈원이 오늘날 "디지털 형태의 옷을 입고 나타난 구빈원"(Eubanks, 2018)이 된 것이다. 현재 미국이나 영국을 포함해 우리나라도 디지털 자동화 시스템을 사용해 디지털 구빈원과 유사한 사회 복지 정책을 실행하고 있다. 그런데 자동화 시스템의 문제는 가난한 사람들의 각종 개인 정보를 제공받아 수급자 등급을 분류하는 알고리즘이 그들을 디지털 구빈원에 꽁꽁 가두어 버릴 수 있다는 점이다. 즉, 알고리즘이 빈자를 걸러 내고 통제하는 감시자가 되어 가난한 자들을 지속적으로 사회적 차별과 편향된 결정 아래 둔다.

그러면 편향을 어떻게 예방할 수 있을까? 문제는 프로그래머가 편향을 일부러 변환한 것이 아니라 편향은 이미 데이터와 알고리즘에 들어가 있다는 점이다. 이는 2016년 ≪네이처≫의 논설이 언급한 것처럼 '편향이 들어가면 편향이 나온다'는 주장과 같은 맥락이다. 인공지능의 편향성은 결국 시민의 평등, 정의 등 '정치적' 문제와 연결된다는 것을 알 수 있다. 따라서 인공지능을 활용하고자 하는 창작자들은 미래의 인공지능이 차별과 억압을 강화하는 기술이 아닌, 평등과 민주주의를 향한 '윤리적 기술'이 되어야 한다는 사실에 관심을 기울여야 할 것이다.

역감시 예술

디지털 기술을 사용해, 정보 산업의 거대 권력이 대중을 효과적으로 감시하는 것에 맞서 대중이 역으로 감시할 수 있음을 보여 주는 예술가의 작업이 있다.

중국 작가 아지아오(aaajiao)는 쉬 원카이(Xu Wenkai)라는 이름으로도 활동하는 미디어 아티스트, 블로거, 운동가, 프로그래머다. 온라인에서 활발히 활동하는 아지아오는 쉬 원카이의 또 다른 얼굴, 즉 가상적 페르소나다. 2021년 광주 국립아시아문화전당에서 열린 전시 〈친애하는 빅브라더: 다시는 결코 혼자일 수 없음에 대하여〉에서 선보인 아지아오의 작품은 파놉티콘(panopticon)과 시놉티콘(synopticon) 모두를 보여 주는 형태의 작업이다. 파놉티콘은 소수의 권력이 다수를 감시하는, 즉 '모두(pan)를 본다'는 의미라면, 시놉티콘은 그러한 권력을 상호 감시하겠다는 의도를 가진 '서로 함께(syn) 본다'는 의미다.

아지아오는 작품 〈404404404〉에서, 사회적 소통망인 인터넷 웹사이트들이 국가 방호벽 관리에 의해 선별 차단되는 상황을 오류 코드 404 반복을 통해 드러낸다. 이는 중국의 차단된 웹사이트에 나타나는 오류 메시지를 글자 그대로 사용한 것으로, 정보의 접근에 대한 통제 상황을 고발한다.

아지아오의 또 다른 작업 〈URL은 사랑입니다〉는 URL이야말로 우리 자신이 선택하고 제작할 수 있는 최대의 특권이라고 말한다. 전시에 나온 자신의 작품을 URL로 만들어 인터넷으로 재생한 아지아오는 "모든 것이 데이터 스트림으로 정량화될 수 있을 때, URL은 우리가 지닐 수 있는 최대 권한"이라고 주장한다. 비유적이지만, URL은 역감시의 주권을 창안할 수도 있다는 이야기다. 이처럼 작가는 감시에 맞선 감시, 즉 역감시를 통해 일방적 데이터의 편향적 사용에 대항한다.

사회적 편향이 드러나는 디자인

AI를 활용한 디자인에 나타나는 편향성 역시 AI가 학습하는 데이터 세트의 구성에서 기인하는 경우가 많다.

그 하나의 예가 디자인에 나타난 오리엔탈리즘이다. 예를 들어, 디자이너가 AI에게 "배달을 하고 있는 한국 여인의 모습을 그려 줘"라는 명령어를 입력하면, "중국 전통 양식을 따른 건축물과 여성 복식" 그리고 "캐릭터는 작고 찢어진 눈매, 두꺼운 눈썹, 둥글게 묶은 머리를 가진 외모"(강민지 · 이지민, 2024)를 만들어 내기도 한다. 아시아 국가들의 고유한 특성을 희석하는 이러한 이미지는 오리엔탈리즘이라는 인상을 낳는다. 이처럼 디자인 분야에서도 각 문화의 독특한 특성과 다양성을 포괄할 수 있는 데이터 세트 구성이 이루어져야 하며, 무엇보다도 AI 개발자들의 편향 없는 윤리 의식이 선행되어야 한다.

편향에 대항하는 알고리즘 저스티스 리그

한동안 구글 영상 인식 시스템이 피부색이 어두운 사람들을 잘 식별하지 못한다는 논란이 있었다. 실제로 매사추세츠 공과대학(MIT) 미디어랩의 연구자 조이 부올람위니(Joy Buolamwini)는 테드 토크(Ted Talks)에서 얼굴 인식 소프트웨어가 피부색이 검은 사람을 알아보지 못한다고 폭로했다. 부올람위니는 윤리적인 소프트웨어를 만들기 위해 투쟁하는 비영리 단체 '알고리즘 저스티스 리그(Algorithmic Justice League)'의 설립자다.

이 단체의 웹사이트(https://www.ajl.org)에는 다음과 같이 쓰여 있다. "오늘날 인공지능 시스템은 고용될 사람, 우리가 받는 의료 서비스의 질, 그리고 우리가 경찰 수사의 용의자가 될지를 결정하기 위해 사용됩니다. 이러한 도구들은 큰 가능성을 보여 주지만, 취약하고 소외된 사람들에게 해를 끼치고 시민의 권리를 위협할 수도 있습니다. 통제되지 않고, 규제되지 않고, 때때로 원하지 않는 인공지능 시스템은 인종 차별, 성차별, 능력주의, 그리고 다른 형태의 차별을 증폭할 수 있습니다."

알고리즘 저스티스 리그는 우리가 사용하는 데이터 알고리즘이 얼마나 비윤리적일 수 있는지 분석하고 연구한다. 그 목적은 알고리즘 저스티스 리그가 밝히고 있는 것처럼, "AI 생태계를 공평하고 책임 있는 AI로 전환하기 위한 움직임을 구축"하고자 하는 데이터 윤리의 실현이라고 하겠다.

편향 너머, 인간의 자기 구성

데이터와 알고리즘의 편향성이 한 개인과 집단에 대한 편견을 강화하고, 인종 차별주의적(백인 남성 중심주의적) 신식민주의 정치 문화와 시스템을 정착시키는 것은 아닌가 하는 우려가 있다.

이러한 우려에도 불구하고 인공지능이 "우리가 어떻게 우리 자신을 이해하고 경험하는지 구체화하는 데도 기여"(Coeckelbergh, 2022)할 수 있다는 점을 생각해 볼 수 있다. 즉, "인공지능 기술이 우리가 세상을 인식하고 행동하는 방식에 영향을 미쳐, 새로운 형태의 주관성을 형성"(Matzner, 2019)한다고 가정해 본다면, 알고리즘 편향이란 벡터를 조금 더 공정하고 윤리적인 방향으로 조정해, 우리의 주관성을 새롭게 구성해 나갈 수 있을 것이다. 바로 그 벡터를 움직이는 동력과 아이디어가 동시대 예술 창작자들로부터 쏟아지기를 바란다.

참고문헌

강민지 · 이지민(2024), 지역 · 문화적 관점에서의 생성형 AI와 디자인 윤리, ≪디자인 이노베이션 연구≫, 12, 1~22.

강홍준(2018.12.8). "가난한 사람 오히려 복지혜택서 배제시켜". 중앙일보. https://www.joongang.co.kr/article/23191176

국립아시아문화전당 디지털가이드. 아지아오 / 쉬 원카이. https://www.acc-exhibition.com/collection/%ec%95%84%ec%a7%80%ec%95%84%ec%98%a4-%ec%89%ac-%ec%9b%90%ec%b9%b4%ec%9d%b4/

김윤명(2023). 생성형 인공지능(AI) 모델의 법률 문제-ChatGPT 생성물에 대한 논의를 중심으로, ≪정보법학≫, 27권 1호. 77~112.

민선(2020.11.23). AI의 편향성, 마케팅에 득일까 실일까?. 지디넷코리아. https://zdnet.co.kr/view/?no=20201123134908

연합뉴스(2016) https://www.yna.co.kr/view/AKR20160325010151091 /

위키백과. 알고리즘 편향. https://ko.wikipedia.org/wiki/%EC%95%8C%EA%B3%A0%EB%A6%AC%EC%A6%98_%ED%8E%B8%ED%96%A5

유현주(2021.9), 〈친애하는 빅브라더〉 디지털 빅브라더에 맞서는 리틀 브라더의 감시예술. ≪월간미술≫, 134~139.

이효석(2021.1.11). 성희롱·혐오 논란에 3주 만에 멈춘 '이루다'…AI 윤리 숙제 남기다. 연합뉴스. https://www.yna.co.kr/view/AKR20210111155153017

조기원(2009.11.25). '미셸 오바마 치면 원숭이 모습'. 한겨레. https://www.hani.co.kr/arti/international/america/389754.html

Coeckelbergh, M.(2022). The Political Philosophy of AI. Polity Press. 배현석 옮김(2023). 『인공지능은 왜 정치적일 수밖에 없는가』. 생각이음.

Eubanks, V.(2018), Automating Inequality. St. Martin's Press. 김영선 옮김(2018). 『자동화된 불평등』. 북트리거.

Matzner, T.(2019). Plural, Situated Subjects in the Critique of Artificial Intelligence, *The Democratization of Artificial Intelligence: Net Politics in the Era of Learning Algorithms.* A. Sudmann(ed.). Bielefeld: Transcript. 109~122.

Noble, S. U.(2018). Algorithms of Oppression: How Search Engines Reinforce Racism. New York University Press.

https://www.youtube.com/watch?v=HsLup7yy-6I&t=43s

06

저작권 이슈

인공지능은 ‘인간 창작자’가 아니라는 점에서 저작권법에 따른 저작자성을 갖고 있지 못하다. 그러나 생성형 인공지능을 활용한 창작물에서 인공지능을 ‘공저자’ 내지 ‘저자’로 공표하는 경우가 있으며 이에 대한 저작권 이슈가 부상하고 있다. 이에 우리는 인공지능 창작물과 관련하여 저작자성과 저작 인격권을 이해할 필요가 있다.

인공지능 저작권 논쟁

생성형 인공지능의 급격한 발전과 더불어 예술가들이 AI를 창작 도구로 활용하면서 저작권은 새로운 쟁점이 되고 있다.

현재 미국을 비롯한 다수의 국가가 인공지능은 발명자가 될 수 없다고 판단한다. 한마디로 인공지능은 창작자가 아니며, 저작성을 인정받으려면 인간이 만든 것이어야 한다는 것이다. 이에 대해 인공지능 역시 준주체로서 저작권성을 인정해야 한다는 목소리도 적지 않다.

"미국 저작권법에서 독창성(originality)이 작품에 대한 저작자의 기여인 반면, 창의성은 작품 그 자체의 성격이라는 점에서, 생성형 인공지능 창작물의 창의성을 저작자성과 분리해 논의할 가능성"(박지영, 2024)이 대두되었다. 다시 말해서, 기계가 작품 창의성에 기여할 수는 있으나, 그리고 실제로 기여했다고 해도 저작자성은 없다는 것이다. 인공지능이 생성한 것에 창의성이 있는지의 논의는 이 책이 다룰 수 있는 주제는 아니다. 다만 저작권과 관련한 부분에서 창의성을 살펴보고자 한다.

저작권이란

저작권은 창작물을 만든 저작자가 자기 저작물에 대해 가지는 배타적인 법적 권리로, 저작물을 사용·수익·처분할 수 있는 권리다. 저작권은 지식 재산권의 하나로, 인격권(moral right)과 재산권(economic right)으로 나뉜다. 저작 인격권은 저작물을 공표할 권리, 성명 표시권(스스로의 이름을 밝힐 권리), 동일성 유지권(타인이 저작물을 함부로 바꾸지 못하게 할 권리)을 아우른다. 저작 재산권은 저작물을 이용할 권리를 가리킨다.

현행 저작권법에 따르면, "사람이 아닌 기계는 저작자라고 보기 어렵다. 즉, 저작권 자체가 발생하지 않게 된다. 저자가 인공지능을 공동 저작자로 표시하길 원한다고 하더라도, 실제 그러한 표기가 저작권법에서는 허용되지 않는다."(김윤명, 2023) 인간을 제외한 동물이나 로봇, 자연현상(nature)은 저작자가 될 수 없다는 것이다.

기계 생성물은 저작자성이 없다

미국 대법원에 따르면, 저작물이 저작권으로 보호받기 위해서는 저작자인 인간의 사상과 감정이 표현되어야 하며, 최소한 창의성이 있어야 한다.

인공지능 창작물에 저작권을 부여하지는 않았으나 인공지능의 창의성을 간접적으로 인정한 대표적 사례가 있다. 크리스티나 카슈타노바(Kristina Kashtanova)가 미드저니를 활용해 창작한 그림 소설(graphic novel) 〈새벽의 자리아(Zarya of the Dawn)〉(2022)가 바로 그것이다. 18쪽 분량의 그림 소설 〈새벽의 자리아〉는 작가가 미드저니를 공저자로 표기하면서 이슈가 되었다. 미국 저작권청은 처음에 미드저니가 인공지능이라는 사실을 모르고 카슈타노바의 그림 소설을 저작물로 등록했다가, 재심의를 열어 취소했다. 즉, 텍스트 및 편집물에 대한 등록은 유효하다고 보았지만, 미드저니로 제작한 이미지에 대한 등록은 취소한 것이다.

카슈타노바는 그림 소설의 특성상 텍스트와 이미지로 나누어 저작권을 설명한다. 먼저, 카슈타노바는 작품의 텍스트는 본인이 원작을 각색해 쓴 것이므로 본인에게 저작권이 있다고 주장한다. 저작권청은 해당 작품이 원작 스토리의 '2차 창작물'로서의 저자성을 지닌 점은 인정했다. 한편 작가는 미드저니를 활용해 자신이 선택하고 조율하고 편집하여 〈새벽의 자리아〉의 이미지를 만드는 데 기여했음을 주장했다. 즉, '프롬프트의 엔지니어링과 저작권이 가능한 표현'(〈새벽의 자리아〉 저작권 주장 서한, 2022)은 작가 자신에게서 나왔다는 것이다. 예컨대 생성하려는 이미지의 대상, 이미지의 적절한 비율 등을 프롬프트에 입력해 창작 의도를 반영하는 것도 작가의 몫이며,

프롬프트의 결과로 만들어진 이미지를 새롭게 하면서 생성 과정(the generative process)을 조정하는 것도 '작가'의 선택 영역이라는 점을 강조한 것이다.

이에 대해 저작권청은 "미드저니의 사용자가 프롬프트를 입력하더라도 프롬프트가 지시보다는 제안에 가까우며 사용자가 이미지 생성에 대한 통제권을 갖지 못한다면 '주도적인 정신'으로 간주할 수 없다"(〈새벽의 자리아〉 저작권에 대한 미국 저작권청의 서한, 2023)고 반박했다. 여기서 '통제권을 갖지 못한다'는 것은 인공지능의 블랙박스 과정에 대해 저작자가 통제할 수 없다는 의미를 포함한다. 이러한 논거로 저작권청은 미드저니의 이미지 생성 과정을 검토 후 작품의 기존 등록을 취소하고 부분적으로만 신규 등록했다. 즉, 카슈타노바의 텍스트와 AI로 생성한 그림에 대한 편집 저작물(이미지 선택, 배열, 조정)만 저작권으로 인정했다.

결과적으로 〈새벽의 자리아〉 저작권 논쟁에서 미국 저작권법은 기계의 생성물에 대해 저작권을 인정하지 않았다. 한편 이 법적 논쟁을 통해 전문가들은 "저작자성을 구성하는 관습적 요소들이 카슈타노바가 아니라 미드저니로부터 비롯되었다"(신홍주, 2023)는 사실에 주목하게 되었다. 즉, 일각에서 저작성을 이루는 요소로서 창의적 결과물을 인공지능이 산출할 수 있음을 간접적으로 시인한 것으로 보고 있다.

한국 <생성형 AI 창작물 가이드라인>

2023년 12월 27일 문화체육관광부와 한국저작권위원회는 '생성형 AI 창작물 가이드라인'을 발표했다. '가이드라인'은 우리나라의 일반적 저작권법에 준하여 AI 산출물과 관련한 저작권을 다룬다. 크게 두 가지 쟁점으로 나누어 볼 수 있다.

첫째, AI 산출물의 저작물성의 인정 여부다. AI 산출물이 저작권을 갖기 위해서는, 현행 저작권법 제2조 제1호에 따른 저작물 규정에 의거해, '인간의 사상 또는 감정을 표현한 창작물'이어야 한다. 따라서 현행법의 해석상 인간이 아닌 AI가 만들어 낸 산출물 자체는 저작물성이 불인정된다.

둘째, AI 산출물의 저작자 인정 여부다. 현행 저작권법 제2조 제1호와 제2호에 따라, '저작물'은 인간의 사상 또는 감정을 표현한 창작물, 그리고 '저작자'는 '저작물을 창작한 자'라는 정의에 근거해, 자연인만이 저작자가 될 수 있다. AI를 단독 저작자 혹은 공동 저작자로 등록할 수 없으며, AI 산출물을 개발자 명의로 등록 신청하거나 업무상 저작물로 하여 대표 명의나 법인 명의로 등록 신청하는 것도 불가하다.

AI 산출물의 저작권 등록

가이드라인에 따르면, 어떠한 표현 행위에도 인간의 창작적 개입이 있었다고 볼 수 없는 AI 산출물에 대해 저작권 등록이 불가하다. 즉, 저작권 등록은 인간의 사상 또는 감정이 표현된 창작물이어야만 한다. 그런데 예외 규정이 있다. AI 산출물에 인간이 수정 · 증감 등 창의적으로 '추가 작업'을 하여 그 부분이 저작물성이 있다고 인정되는 경우에는 저작권 등록이 가능하다.

AI 산출물 자체는 등록할 수 없더라도 AI 산출물들을 선택하고 배열한 것에 창작성이 있으면 '편집 저작물'로 등록이 가능하다. '편집 저작물'이란 저작물이나 부호 · 문자 · 음 · 영상 등 소재의 집합물인 편집물로서 그 '소재의 선택 · 배열 또는 구성'에 창작성이 있는 것을 의미한다. 이는 소재 자체에 대한 저작권과는 별개로 '소재의 선택 · 배열 또는 구성'의 창작성에 대한 보호 가치를 인정한 것이며, 해당되는 예시로는 신문, 잡지, 백과사전, 판례집, 논문집 등을 들 수 있다.

'편집 저작물'과 관련하여, 〈새벽의 자리아〉의 저작권이 인정된 부분이 바로 ① 텍스트, ② AI로 생성한 그림을 선택, 배열, 조정한 것에 대한 것이다. 물론 미드저니가 생성한 이미지는 저작권에서 제외된다. 한국에서도 인간-저자가 AI 산출물을 선택, 배열 등 수정했다면(창작성이 있다면), 해당 창작적 기여 부분에 한하여 저작권을 인정한다. 다만 편집 저작물로 저작권을 등록하기 위해서는 등록 신청인이 선택·배열에 어떠한 창작적 기여를 했는지 등록 신청 명세서의 '저작물 내용'에 상세히 기재해야 한다.

국내 생성형 AI 저작권 인정 사례

2024년 국내에서 처음으로 저작권을 인정받은 생성 AI 영화가 탄생했다. 정확하게는 '편집 저작물'로 등록된 영화 제작사 나라AI필름의 영화 〈AI 수로부인〉이다. 〈AI 수로부인〉은 심은록 감독이 AI 기술을 영화 제작 전체 과정에 적용한 사례다. 다수의 AI 프로그램을 제작에 활용했는데, 시놉시스와 시나리오 작성, 2500여 장의 이미지 생성, 영상 제작, 자막 및 대사, 배경 음악 생성, 영상 리터치 등 "50여 개의 AI를 이용해 제작한 세계 첫 영화"(박현진, 2023)라는 데 의의가 있다. 이 AI 영화는 2023년 12월 29일 자로 저작권 등록증을 발급, 저작권법 제53조에 따라 등록을 완료했다.

한국이 중국 다음으로 세계에서 두 번째 AI 저작권 사례를 만든 것은, 인간 창작자(제작사인 나라AI필름)의 선택과 배열 등 편집과 미세 조정에 대한 기여를 인정했기 때문이다. 제작 과정에서 AI를 '도구'로만 활용했고, 생성 이미지 위에 영상을 중첩하는 등 인간의 수작업이 큰 역할을 차지했다고 판단한 것이다.

참고문헌

김윤명(2023). 생성형 인공지능(AI) 모델의 법률 문제-ChatGPT 생성물에 대한 논의를 중심으로, ≪정보법학≫, 27권 1호. 77~112.

박지영(2024.2.13). AI 생성물은 저작물이 될 수 있을까. ≪한겨레≫, 5면.

박현진(2023.11.17). [AI 이슈] 생성 인공지능으로 만든 세계 첫 영화 'AI 수로부인' 그 제작은. 인공지능신문. https://www.aitimes.kr/news/articleView.html?idxno=29423

생성형 AI 저작권 안내서 pdf. https://www.copyright.or.kr/information-materials/publication/research-report/selectfiles-load.do?brdctsno=52591

신홍주(2023). 생성형 인공지능을 통한 그래픽 노블의 창작과 저작권 논쟁에 대한 고찰 〈새벽의 자리아〉를 중심으로. ≪애니메이션연구≫, 19권 3호, 26~43.

신홍주(2023). 저작권의 관점에서 본 생성형 인공지능의 저작자성과 창의성에 대한 고찰, ≪인문콘텐츠≫, 70, 133~150.

〈새벽의 자리아〉 저작권에 대한 미국 저작권청의 2023년 2월 21일 자

최종 서한.

https://www.copyright.gov/docs/zarya-of-the-dawn.pdf

〈새벽의 자리아〉 저작권에 대한 미국 저작권청의 최종 서한에 동봉된 2022년 11월 21일 자 서한.

https://www.copyright.gov/docs/zarya-of-the-dawn.pdf

07

인공지능 에이전트와 예술

인공지능을 예술가의 대리자, 즉 에이전트로 보는 시각이 있다. 이는 인공지능을 단지 도구로만 취급하는 것이 아니라, 기계와 인간 혹은 비인간과 인간을 각각 서로 다른 '행위자'로 대하는 것이다. 이러한 관점에서 우리는 인공지능 창작을 비인간과 인간의 연결망을 통해 이루어진 과정으로 바라볼 수 있으며, 그 창작 결과물을 둘러싼 윤리적 문제 또한 고민할 수 있을 것이다.

생각하는 기계

컴퓨터 과학의 아버지 앨런 튜링(Alan Turing)은 인간이 아니더라도 생각하는 존재가 가능하다고 믿었다. 즉, 컴퓨터와 대화를 나누어 컴퓨터의 반응을 인간과 구별할 수 없다면 해당 컴퓨터가 생각한다고 볼 수 있다는 것이다. 1950년 튜링은 "계산 기계와 지능(Computing Machinery and Intelligence)"이라는 논문에서 훗날 튜링 테스트(Turing test)로 불리는 최초의 인공지능 테스트를 제안한다. 이 논문은 "기계가 생각할 수 있을까?"라는 질문으로 시작한다. 튜링의 이 흥미로운 사고 실험은, 인간 심문자(interrogator)가 상대방의 대화를 듣고 인간인지 기계인지를 맞히는 게임이다. 튜링에 따르면, 만약 컴퓨터가 인간을 잘 흉내 내어 심문자가 상대를 인간인지 컴퓨터인지 명확히 구분할 수 없다면, 기계도 지능을 가진 존재로 간주해야 한다.

튜링과 반대되는 이론은 존 설(John Searle)의 '중국어 방' 실험이다. 이 실험에 의하면, 우선 방에 영어만 할 줄 아는 사람이 들어간다. 그 방에 필담을 할 수 있는 도구와 미리 만들어 놓은 중국어 질문과 질문에 대한 대답 목록을 준비해 둔다. 중국인 심사관이 중국어로 질문을 써서 이 방 안으로 넣으면 방 안의 사람은 그것을 준비된 대응표에 따라 답변을 중국어로 써서 밖의 심사관에게 준다. 설에 의하면, 방 안에 있는 사람은 정확한 답을 준 것 같지만, 실제로는 중국어를 모르기 때문에 중국어의 의미를 이해했다고 볼 수는 없다. 예컨대 구글 번역기나 파파고를 번역가로 생각한다고 해서, 이 번역기들이 실제로 의미를 이해한다고 보기 어려운 것과 마찬가지다.

'중국어 방' 실험은 튜링 테스트가 내린 결론과 반대다. 즉, 질문에 답변을 수행한다고 해서 기계가 지능을 가졌는지 판정할 수 없다는 것이다. 이에 비해 튜링의 실험은 기계가 '생각'하는 존재인지 아닌지는 심문하고 검사하는 방식을 통해 판단해야 한다는 데 핵심이 있다. 그런데 튜링은 기계가 생각하는 존재더라도 인간과 동일하다고 보지는 않았다. 튜링의 논리를 확대해 추론하면, 인공지능은 "인간 지능과 같은 것이 아니라, '자신의 지능'을 획득"(김지연, 2023)한 존재이며, 우리와 다른 "그들 자신만의 경로를 통해"(김지연, 2023) 그러한 지능에 도달한 존재일 수 있다.

기계가 생각하는 존재인가에 대한 물음을 예술에 적용하여 질문해 볼 수 있다. 즉, 인공지능도 예술적 창의성을 발휘할 수 있는 존재인가? 혹은 인공지능이 튜링 테스트를 통과하면 예술가로 볼 수 있는 것은 아닐까? 다시 말해 사람들이 인공지능이 만든 작품을 예술로 간주하면 예술가로 보아도 무방한 것은 아닌가? 만약 인공지능이 창조적인 작업을 할 수 있는 역량을 가진 존재라면, 예술가의 대리자로서 혹은 협업자로서 예술 창작의 참여자로 볼 수 있을 것인가?

튜링 테스트를 통한 인공지능 예술 정의

레프 마노비치에 따르면, 학습된 컴퓨터가 완전히 새로운 이미지를 생성했을 때, 미술사학자들이 그 이미지를 과거 어느 시점에 만들어진 예술 작품으로 인식하면 그 컴퓨터는 소위 '튜링 인공지능 예술' 테스트를 통과한 것으로 볼 수 있다.

2010년대 튜링 테스트를 통과하는 예술, 즉 작품을 자동 생산하는 기계 연구가 활발해지기 시작하면서 '컴퓨터 연산 창의성(computational creativity)'이라는 연구가 출현한다. 이 연구는 "인간의 작업 수준으로 예술 작업을 생산할 수 있는 프로그램을 설계하고 개발하는 것, 인공지능이 인간의 창의적 행위를 알고리즘으로 모델화하는 것, 혹은 인공지능의 개발이 인간 창의성을 향상하는 방향으로 기여하게 만드는 것"(이수진, 2018)을 목표로 실험을 수행한다.

'컴퓨터 연산 창의성' 연구는 이미 구글의 딥드림, IBM의 왓슨, 마이크로소프트와 델프트 공과대학의 협업 프로젝트인 더 넥스트 렘브란트(The Next Rembrandt), 유럽 연구 위원회(European Research Council: ERC)와 소니 컴퓨터공학 연구소 파리 지부(Sony CSL Paris)의 플로우 머신즈 프로젝트 등에서 큰 성과를 보여 주었다.

플로우 머신즈 프로젝트(2012~2016)는 인공 신경망, 빅데이터, 딥러닝을 통해 작사 · 작곡하는 AI를 개발했다. 이 프로젝트는 예술가들의 스타일을 연구하는 데 '마르코프 체인 모델'을 활용해 알고리즘을 설계한다. '마르코프 체인 모델'은 러시아의 수학자 안드레이 마르코프(Andrey Markov)가 창안한 이론으로, '특정 시점에서 어떤 상태가 발현될 확률은 바로 직전 상태에 의해서만 영향을 받고 그 외의 상태에 의해서는 영향을 받지 않는 확률 구조'를 토대로 데이터를 분석한다. 주로 날씨, 증권, 보험 통계 등의 데이터 확률이나 악보의 화성 진행, 자연어 문장의 구성 방식을 분석하는 데 유용한 이론이다. 플로우 머신즈 연구팀은 마르코프 이론을 적용해 알고리즘을 설계하여 예컨대 비틀스 음악처럼 들리는 〈미스터 섀도(Mr Shadow)〉, 〈대디스 카〉 등을 작곡했다. 대부분의 인공지능 창작이 플로우 머신즈와 유사한 창작 과정을 거친다. 즉, "다량의 작품을 분석하여 공통적으로 발견되는 패턴을 찾아내는 알고리즘을 설계한 뒤 빅데이터를 딥러닝하는 과정”(이수진, 2018)과 같은 공학적 방법을 사용한다.

스페인 국립연구원(Spanish National Research Council) 인공지능 연구소(Artificial Intelligence Research Institute) 소장 라몬 만타라스(Ramon López de Mántaras)는 컴퓨터가 캔버스이자 붓이며 악기라고 하면서, 컴퓨터는 인간의 창의성을 돕는 도구라기보다 스스로 권리를 갖는 창의적 주체로 볼 수 있다고 주장한다. 그러나 이에 동의하지 않는 견해도 많다. 인공지능이 예술 작품 창작에서 훌륭한 역할을 수행할 수는 있으나, 창작 주체가 아니라 ‘도구’로써 그러할 뿐이며, “예술은 공학의 문제가 아니라 미학의 문제”(김재인, 2023)라고 비판하기도 한다. 이와 달리 인공지능을 도구 이상으로 보는 입장은 인간과 기계 모두 작품을 완성하는 데 각자의 몫을 한다는 사실을 인정해 주자는 관점을 갖는다. 특히 인공지능을 예술가의 에이전트로 바라보는 시각은 예술 작업을 기계와 인간 공동의 결과물로 보는 면이 있다.

협업자 혹은 에이전트로서의 기계

서민준 카이스트 교수에 따르면, “오픈AI 등 주요 AI 업체들이 말하는 AI 에이전트는 일종의 AI 기반 개인 비서 서비스"라고 할 수 있다. 즉, "영화 〈아이언맨(Iron Man)〉에 나오는 자비스(J.A.R.V.I.S.)와 같은 개인 비서"로 "사용자의 다양한 요구에 적절히, 그리고 능동적으로 대응하는 것을 목표"로 한다.

예술가를 대신해 창작에 필요한 이미지를 생성하거나 사운드 등 다양한 창작 결과물을 생성하는 인공지능을 에이전트로 본다는 것은 하나의 기계(도구)라기보다 예술가의 보조 역할을 하는 '행위자'로 대하는 셈이다. 예술 작업을 수행하는 행위자로서 인공지능의 '자율적 · 자동적' 생성 능력은 창의적인 결과물을 구성하는 데 예술가를 보조할 뿐만 아니라 색다른 영감을 주기도 한다. 과거 미디어아트의 매체와 확연하게 변별해 주는 이러한 능력은 딥러닝 기술을 실험하는 예술들에서 찾아볼 수 있다. 예컨대 현재 미술 작업에 주로 사용되는 CNN(Convolutional Neural Network: 합성곱 신경망. 이미지, 음성, 텍스트 등과 같은 다양한 유형의 데이터에서 특징을 추출하고 분류하는 데 사용되는 딥러닝 모델), GAN(Generative Adversarial Network: 적대적 생성 신경망), CAN(Creative Adversarial Networks: 창의적 적대 신경망. 다른 작품이 사용한 기법과 스타일 등을 모방하지 않도록 프로그램된 딥러닝 모델) 등과 같은 "이미지 생성을 위한 딥러닝 모델은 훈련 데이터 세트에 없는 새로운 이미지를 생성하는 것이 목표"(이임수, 2020)다.

인공지능 시스템을 어떻게 구성하고 어떤 데이터 세트로 무엇을 선택하느냐, 즉 주제와 내용을 구성하는 것이 인간 예술가의 역할이라면, 코딩이라는 언어 전환 과정을 통해 전에 없던 새로운 결과물(이미지, 텍스트, 음악, 영상 등)을 생성하는 것은 인공지능의 역할로 이해할 수 있다. 그런데 이 과정은 인간으로서는 알 수 없는 블랙박스로서, 소프트웨어 자체의 영역이다.

의미 생성은 가능한가

오스트리아 린츠(Linz)에 있는 아르스 일렉트로니카(Ars Electronica)의 퓨처랩(Futurelab) 연구원 알리 닉랑(Ali Nikrang)은 인공지능이 어떻게 음악의 가치와 의미를 생성할 수 있는지 묻는다.

닉랑은 딥러닝을 통해 인공지능 음악이 이루어지는 방식을 설명한다. 그는 인공지능 기반 자연어 처리(NLP) 기술이 음악 생성에 성공한 예로 2019년 오픈AI에서 선보인 뮤즈넷(MuseNet)을 다음과 같이 소개한다. "뮤즈넷은 GPT-2[2], GPT-3[3], BERT[4] 등 자연어 처리 모델들 중 몇몇과 유사한 기술을 배경 기술로 사용하여 언어와 비슷한 음악 데이터의 순차적 표현을 학습한다. 말하자면, 음의 높낮이는 고유 명사로, 음의 길이와 늘임은 기호들로, 특수한 단어들의 연결로 악보나 미디 파일 같은 음악 데이터를 어떤 정보의 손실도 없이 나타낼 수 있다. 자연어에서 모든 단어가 그것이 쓰이는 맥락 안에서 이해되듯이 음악에서도 모든 음의 높낮이가 그 맥락 안에서 의미를 갖는다." (닉랑, 2020)

인공지능 시스템이 작곡한 곡이 전문가 관점에서 매혹적인 복잡한 하모니와 리듬을 갖추고 있다고 하더라도 그것이 과연 '의미'를 가지는가? 뮤즈넷은 말러 교향곡의 테마를 바탕으로 새로운 악상을 결합하여 곡을 전개하면서 전에 경험하지 못한 음악을 만들었다. 하지만 그 음악에서 생성된 음의 참신함이나 의미, 즉 내용과 관련하여 인공지능 예술의 수준을 객관적으로 평가하는 것이 가능한가 하는 질문은 여전히 남는다.

닉랑은 인공지능 프로그램이 특수한 단어보다 평범한 단어를 선호하는 것은 자연어 처리 분야의 이미 잘 알려진 문제점이라는 한계를 지적하면서, 생성된 음이 창의적 가치와 고차원적 의미를 갖는다고 보기에는 무리가 있다고 주장한다. 무엇보다도 의미를 만들기 위해서는 의도가 필요한데, 의도는 기계가 제공하는 것이 아니기 때문이다.

에이전트로서의 리체르카레

인공지능이 의미를 생산하지 않는다고 해서 단순히 자동판매기 같은 것에 불과하다고 보기는 어렵다. 이 책에서는 예술가를 돕는 에이전트로서의 생성 '행위'에 주목하고자 한다. 음악에서 사용하는 인공지능 리체르카레(Ricercar)를 그 사례로 들고자 한다.

음악가들이 사용하는 인공지능 리체르카레는 바로크와 르네상스 시대의 음악 형식을 지칭하며 '탐구하다(search out)'를 뜻하는 이탈리아어에서 유래한다. 닉랑에 의하면, 작곡자들은 테마나 악상을 실험하고 순열과 변주 가능성, 잠재적 하모니 같은 성질을 발견하는 작품에 이 용어를 사용했다고 한다.

인공지능 '리체르카레'는 "인간 예술가와 인공지능 작곡 시스템의 직관적 인터페이스를 구축하는 것을 목표로 하는데, 인터페이스를 통해 인간과 인공지능은 협력하며 악상의 (사용자가 시스템에 주었거나 시스템 자체에서 시작된) 잠재성을 발견할 수 있다."(닉랑, 2020) 이러한 인공지능 시스템을 이용하여 음악가들은 요한 제바스티안 바흐(Johann Sebastian Bach)의 〈골드베르크 변주곡 11번〉

을 '시각화'한 이미지를 통해 곡 전반에 숨은 아름다운 구조를 직관할 수 있게 되었다. 한마디로 리체르카레라는 에이전트는 보이지 않는 것을 '보게' 한 행위를 했으며, 이러한 결과물은 인간 예술가와의 복잡하게 얽힌 네트워크에서 가능한 것이었다.

행위자 연결망, 탈인간 중심주의 윤리

리체르카레와 같은 인공지능 에이전트가 갖는 철학적 · 윤리적 의미는 무엇일까?

에이전트로서 인공지능이 창작에 개입하는 것은 그것이 곧 어떤 '행위자(actor)' 역할을 한다고 볼 수 있다. 여기서 '행위자'는 브뤼노 라투르(Bruno Latour)의 행위자 연결망 이론(Actor Network Theory)의 용어를 빌려 온 것이다. 행위자 연결망 이론에 따르면, 이 세계의 현실은 인간-비인간 행위자들의 결합으로 이루어진 하이브리드 산물이다. 즉, 모든 사건이 인간중심적인 사고로 다 해명되지 않는다는 이야기다. 라투르가 잘 드는 예시처럼, 파스퇴르가 젖산균을 발명한 것이 아니라 발효균이라는 행위자가 젖산균을 탄생시키는 과정에서 '파스퇴르 이상의 역할'을 한 것이라는 주장을 생각해 보자. 여기에는 파스퇴르라는 인간을 중심에 두기보다는 발효균이라는 비인간과의 '협력'을 강조하는 면이 있다. 인간이든 발효균이든 각자가 행위자로서 어떤 사건을 만드는 연결망 안에 있다는 것이다.

우리는 인공지능이 독립된 예술의 주체라고 말하기는 어렵다. 또한 인공지능을 도덕적 행위의 주체로 인정하기에는 따져야 할 기술적 · 철학적 논제도 많다. 중요한 것은 인간(예술가)과 기계가 어떤 관계를 맺는가다. 즉, 인간 중심적인 차원을 넘어, 인간과 기계가 서로 협력하는 공동의 행위자(창작자)로 보는 관점을 취해 보자는 것이다. 협력의 연대로서 '행위자들의 연결망'에는 창의성을 극대화하는 방법은 물론 데이터 세트를 구성할 때 편향과 같은 윤리 문제를 고려하는 것이 포함되어야 할 것이다.

이런 맥락에서 에이전트는 작품의 생성을 돕는 적극적 행위자로 볼 수 있으며, 생성하는 과정에서 발생하는 윤리적 사안은 인간 행위자와의 연결망 안에서 종합적으로 검토되어야 할 것이다.

참고문헌

김재인(2023). 『AI빅뱅–생성 인공지능과 인문학 르네상스』, 동아시아.

신동윤(2024.7.4). [인터뷰] 서민준 KAIST 교수, "미래의 AI 에이전트는 로봇의 모습으로 다가올 것". MIT 테크놀로지 리뷰.

https://www.technologyreview.kr/%ec%9d%b8%ed%84%b0%eb%b7%b0-%ec%84%9c%eb%af%bc%ec%a4%80-kaist-%ea%b5%90%ec%88%98-%eb%af%b8%eb%9e%98%ec%9d%98-ai-%ec%97%90%ec%9d%b4%ec%a0%84%ed%8a%b8%eb%8a%94-%eb%a1%9c%eb%b4%87%ec%9d%98

유현주(2019). 하이브리드 시대 융복합 예술의 유토피아: 브뤼노 라투르의 코스모폴리틱스 개념을 중심으로. ≪미학예술학연구≫, 56, 101~128.

이수진(2018). 인공지능 시대의 예술과 창의성-규칙과 변형, 그리고 맥락화, ≪프랑스학연구≫, 86, 319~339.

이임수(2020). 인공지능 시대 예술의 패러다임 전환: 모더니즘 이후 매체 개념의 변화와 에이전트로서의 예술 매체 등장. ≪현대미술사연구≫, 48, 215~242.

Nikrang. A. "인공적으로 의미 생성한다? 인공지능기반 작곡의 매력과 한계." ≪대전비엔날레 2020 인공지능≫. 한줄번역, 30~34.

08

디지털 예술 윤리 정신

예술이 데이터 형태로 전환되자 기업이 데이터를 탈취하는 일이 잦아졌다. 이에 대한 예술가들의 저항도 거세다. 대중 매체의 일방향적 커뮤니케이션과 달리, 인터랙티브한 커뮤니케이션을 지향하면서 사회 권력과 시장으로부터 예술의 성역을 지키는 것은 초기 미디어아트로부터 전승되어 온 디지털 예술 윤리 정신이라고 할 수 있다.

기업에 탈취되는 예술

≪가디언≫의 칼럼니스트 나오미 클라인(Naomi Klein)이 지적했듯이, 마이크로소프트, 애플, 구글, 메타, 아마존 등과 같은 세계에서 가장 부유한 기업들이 디지털 형태로 존재하는 인간의 지식을 일방적으로 탈취해 독점적 제품 안에 가두는 일이 증가하고 있다. 마찬가지로 인공지능을 사용하는 예술도 데이터 형태로 생성되면서, AI 기업에게 탈취되는 일이 빈번해졌다.

2023년 1월 13일 세라 앤더슨(Sarah Andersen), 켈리 맥커넌(Kelly McKernan), 칼라 오리츠(Karla Ortiz) 등 예술가 3인은 다른 아티스트들을 대표해 세계적 규모의 창작 사이트인 스테이빌리티, 디비언트아트(DeviantArt), 미드저니를 상대로 소송을 제기했다. 기업에 무형의 예술들이 탈취되고 있기 때문이다. 소위 기업의 이러한 절도(theft) 행각에 대항하는 운동을 펼치는 미국의 화가이자 일러스트레이터 몰리 크래브애플(Molly Crabapple)은 기업과 대중을 향한 공개서한(An Open Letter)을 만들었다. 몰리는 "크리에이터들에게 어떤 보상이나 동의를 구하기는 커녕 그들이 모르는 사이에 저작권이 있는 이미지 수백만 장이 수집"(Molly Crabapple, 2023)되고 있다면서 "이는 사실상 역사상 가장 큰 예술 강도 사건"(Molly Crabapple, 2023)

이라고 비난했다. 당시 공개서한에는 예술가 3927명이 서명했다.

초기 미디어아트 정신

기업에 항의하는 예술가들의 서명 운동과 공개서한은 초창기 비디오아트 예술가들이 했던 '삶에 대한 정치적 통제나 제어에 대한 저항'으로서의 윤리 정신을 상기시킨다. 특히 백남준의 예술은 일방적인 메시지를 전하는 텔레비전 문화에 저항하면서 기계화되어 가는 삶을 성찰하는 예술 세계를 선보였다. 기계를 사용하면서도 기계와 현대 정보 사회에 대한 윤리적 성찰이 있었던 미디어아트의 역사를 조명하는 것은 현재의 인공지능을 비롯한 디지털 예술의 방향성을 잡기 위해 필요하다.

이런 관점에서 초창기 미디어 아티스트들이 관심을 가졌던 사이버네틱스와 정보 미학 그리고 인터랙티브 아트를 통해 디지털 예술 윤리 정신이 어떤 것이어야 하는지 살펴보고자 한다.

사이버네틱스와 커뮤니케이션

헝가리 출신의 수학자이자 전자공학자인 노버트 위너(Norbert Wiener)의 『사이버네틱스: 동물과 기계의 제어와 커뮤니케이션(Cybernetics, or Control and Communication in the Animal and the Machine)』(1948)은 이전까지 별개의 학문이었던 기계, 생물, 인간 사회의 연구에 공통으로 적용·분석할 수 있는 관점을 제공한다. 그 새로운 관점이 바로 제어(통제)와 커뮤니케이션 개념이다.

사이버네틱스(cybernetics)란 용어는 고대 그리스어 퀴베르네테스[Κυβερνήτης(kybernetes), 키잡이, 조절기(governor), 또는 방향타)]에서 기원한다. 요컨대 컴퓨터로 제어되는 기계 연구가 사이버네틱스 이론인데 실제 연구의 핵심은 커뮤니케이션에 관한 것이다. 여기서 커뮤니케이션이란 사람과 사람 사이의 커뮤니케이션뿐만 아니라 생물 체내의 기관들 사이의 통신이나 기계와 기계 사이, 기계와 인간 사이의 커뮤니케이션까지 포괄한 개념이다.

사이버네틱스의 커뮤니케이션 개념은 과학과 철학 등 사회 정치적 분야까지 망라하는데, 이 개념에 기초해 모든 정치 조직과 인간 커뮤니케이션을 기계의 커뮤니케이션 과정에 관한 유추로부터 이해할 수 있게 되었다.

사이버네틱스가 예술과 관련을 갖게 된 것은 예술에서 소통이 중요해진 1960년대 후반에 들어서다. 예술가들이 통신 수단인 컴퓨터와 전자 매체에 관심을 가지면서, 1968년 런던에서 '사이버네틱 세렌디피티(Cybernetic

Serendipity)'라는 전시도 열게 된다. 사이버네틱스가 과학이나 철학뿐만 아니라 예술에도 영향을 주었음을 알 수 있다.

사이버네틱스 예술 개념

1960년대 백남준은 '사이버네틱화된 삶을 위한 사이버네틱화된 예술(cybernated art for cybernated life)'이라는 선언문을 발표한다. 그 선언문은 다음과 같다.

"사이버네틱화된 예술은 중요하지만 사이버네틱화된 삶을 위한 예술은 더 중요하며, 후자(예술)는 사이버네틱화될 필요는 없다. 그러나 파스퇴르와 로베스피에르의 말처럼 내재된 독을 통해서만 비로소 독을 견딜 수 있다면 사이버네틱 생명이 촉발하는 어떤 좌절은 그에 따른 사이버네틱 충격과 카타르시스가 필요하다. 나는 비디오테이프와 음극선관을 이용해 매일 작업하며 이를 확신한다." (백남준, 1966)

백남준은 기계화된 현대 인간의 모습에 충격을 주고자 하는 충격 요법으로 사이버네틱 예술을 제안했다. 백남준이 말하는 사이버네틱화된 삶이란 "자동 제어되고 긴밀하게 얽혀서 하나의 거대한 자동화된 공장처럼 돌아가는 삶"(정문열, 2019)이다. 사이버네틱 기술을 사용해 만든 백남준의 작품 가운데 '사이버네틱 세렌디피티'전에 출품한 〈K-456〉이 있다. 이 작품은 원격 조종되는 이족 보행 로봇으로, 1963년 슈야 아베와 제작하여 1964년 뉴욕에서 길을 가면서 케네디 대통령의 취임사를 낭독하기도 하고 완두콩을 배설하기도 한다. 이처럼 예술가가 로봇을 통해 원격 제어와 기계의 자율 행동을 드러낸 작업은 오늘날 인공지능의 개념과도 맞닿는다. 다음은 사이버네틱스와 함께 1960년대 출현했던 정보 미학과 정보 예술을 통해 예술에서 수용자의 반응을 중요하게 여기는 커뮤니케이션 개념을 살펴보겠다.

정보 미학과 커뮤니케이션

데이터의 형태로 생성되는 현재의 디지털 예술의 근원을 찾는다면, 1960년대로 거슬러 올라가 정보 미학 이론을 언급할 수 있다.

1948년, 정보량을 수치화할 수 있는가에 대한 문제의식에서 출발한 클로드 섀넌(Claude Elwood Shannon)의 정보 이론은 디지털 통신과 머신 러닝에도 영향을 미쳤지만 1960년대 정보 미학을 탄생시키는 역할도 한다. 막스 벤제(Max Bense)의 정보 이론에 따르면, 커뮤니케이션 과정은 기호학을 통한 정보의 교환 과정이다. 정보 미학은 이러한 커뮤니케이션 과정을 예술에도 적용할 수 있다고 본다.

정보 이론에 따르면, 우리의 뇌에서 발생하는 이미지와 아이디어라는 정보는 감각적 형태로 전달되기 전까지 가상적인 성질이며 기호 세계의 집합으로 존재한다. 마찬가지로 정보 미학에서 예술도 커뮤니케이션 과정이며, 미적 대상은 단순히 물질적 형식이라기보다 하나의 '정보'로서 미적 상태나 미적 프로세스로만 존재한다.

정보 미학에서 미적 대상은 순수한 물리적 자연이 아니라 소통의 재료가 되고 "예술가는 프로그래머로서 작품의 매니저 · 책임자"(박상현, 2010)로 존재한다. 1960년대 후반 정보 이론에 바탕을 둔 알고리즘 아트(Algorithmic Art), 컴퓨테이셔널 아트(Computational Art), 발생 예술(Generative Art) 등의 예술 형식이 쏟아진다. 이 예술들이 과학 기술과 연결되고 미적 요소의 사용이 수학적 · 논리적 · 기술적인 것으로 되어 가는 방향에 있었다는 사실은 현재의 인공지능 예술을 비롯한 디지털 예술과 무관하지 않다. 무엇보다 커뮤니케이션을 강조한 점은 생산자와 수용자가 상호 소통할 수 있는 방향으로 예술 생산이 이루어지는 현재의 디지털 예술에 시사하는 바가 있다.

인터랙티브 아트와 커뮤니케이션

정보 미학에서 발전한 예술 중 하나가 인터랙티브 아트(Interactive Art)다. '인터랙티브'란 생산자와 수용자가 쌍방향 커뮤니케이션을 한다는 개념이다.

오스트리아 린츠에서 열리는 미디어아트 축제인 아르스 일렉트로니카에서 알려지기 시작한 인터랙티브 아트는 관람자가 미디어 시스템(기계)과 소통하거나 그것을 통해 인터랙션하는 예술을 포괄한다. 예컨대 제프리 쇼(Jeffrey Shaw)의 〈읽을 수 있는 도시(The Legible City)〉(1989) 혹은 〈분배된 읽을 수 있는 도시(The Distributed Legible City)〉(1998)에서, 관람자는 자전거 페달과 핸들을 움직여 주행의 속도와 방향을 조절하면서 물리적인 것과 가상 세계를 직접 연결하는 경험을 한다.

인터랙티브 아트의 형식은 관람자와 컴퓨터 시스템 사이에서 주고받은 결과물이 하나의 정보로 구성되는 것인데, 즉 "관람자와의 인터랙션으로 정보가 상호적으로 조절, 교환됨으로써 형태가 계속 재창조되고 재구조화된다."(박숙영, 2016) 이는 수용자, 즉 관람자가 작품을 관조만 하는 것이 아니라 작품의 미디어 시스템과 마주하여 다중 감각적 체험을 하는 한편, 컴퓨터 시스템의 변화하는 정보에 대응하는 과정에서 직접 작품의 일부가 되는 것을 의미한다.

인터랙티브 아트에서 흥미로운 점은, 예술가가 설계한 미디어 시스템에서 관람자도 크리에이터가 되어 창작에 참여하기도 한다는 것이다. 그럴 경우 작품에서 크리에이터(관객)와 수용자(관객)끼리의 또 다른 소통이 이루어진다. 이와 같은 인터랙티브 아트의 상호 작용은 미디어아트가 발아한 초창기 예술 정신인 백남준의 〈참여 TV〉와 같은 작품 정신과 호응한다.

<참여 TV>와 디지털 예술 윤리

1963년 독일 부퍼탈의 갤러리 파르나스에서 열린 백남준의 첫 번째 개인전 '음악의 전시-전자 텔레비전'은 내부 회로가 각기 다르게 변형된 13대의 실험 텔레비전을 선보였다. 백남준은 당시 서독의 텔레비전이 방송되는 시간대에 관람자들이 실험 텔레비전 수상기들을 이용해 방송 프로그램을 다양한 전자기적 신호로 변환하도록 했다. 방송 시간대에 맞춰 텔레비전을 켜고 끄는 것만 할 수 있던 시청자들에게 두 개의 채널이 생긴 셈이다. 이 전시에 선보인 〈참여 TV〉는 관객이 연결된 마이크에 내는 소리에 따라 모니터에 영상이 나타나는 작품이다. 관객이 내는 다양한 소리는 임의의 형태로 빨강, 초록, 파랑 선으로 표시된다.

이러한 사이버네티틱한 작품들에는 사이버네티틱화된 삶에서 해방되길 바라는 예술가의 역설적인 저항 의식과, 무엇보다도 기업과 시장의 논리에 지배되지 않으려는 윤리 정신이 배어 있다.

참고문헌

정문열(2019). 인공지능의 시대에 백남준을 다시 생각한다. 유현주 엮음. 『인공지능시대의 예술』. 도서출판b.

Distributed Legible City. https://www.jeffreyshawcompendium.com/portfolio/distributed-legible-city/

Heikkilä, M.(2022.12.30). 디지털 예술가들에게 옵트 아웃 기능을 제공한 스테이블 디퓨전. MIT 테크놀로지 리뷰. https://www.technologyreview.kr/artists-can-now-opt-out-of-the-next-version-of-stable-diffusion/

Wiener, N.(1948). *Cybernetics: Or Control And Communication In The Animal And The Machine*. MIT Press. 김재영 옮김(2023). 『사이버네틱스: 동물과 기계의 제어와 커뮤니케이션』. 읻다.

09

인공지능 예술과 생태적 책임

인공지능 기술은 현재 이 행성의 가장 큰 위기인 기후 문제를 비롯한 우리의 삶에 직접적 영향을 미치는 중요한 사회적 이슈를 낳고 있다. 인공지능 기술이 불러온 환경, 감정, 노동 분야에 걸친 사회 생태적 변화를 인식함으로써 인공지능 예술의 창작자들도 인류가 가져야 할 새로운 기술적 윤리 의식에 한 걸음 더 나아갈 수 있을 것이다.

인류세와 기후 변화 그리고 인공지능

현재 인류가 직면한 가장 큰 문제는 무엇일까?

기후 변화는 유엔의 지속 가능한 발전 목표에 명시된 것처럼 '우리 시대의 가장 큰 도전 중 하나'가 되었다. 지구의 온도와 해수면 상승은 분명 기후 변화에서 온 것이다. 점점 백화되어 가는 산호초와 역사상 유례없이 빠르게 멸종하는 생물들, 수많은 기후 난민 등을 초래한 기후 변화의 원인은 요컨대 인류세(Anthropocene)에서 파생된 것이라고 할 수 있다. 인류세는 인류가 지구와 생태계에 영향을 미쳐 지질학적으로 변화된 지질 시대를 가리키는 용어다. 특히 화석연료 사용으로 인한 대기 중 이산화탄소의 대규모 증가, '방사능, 콘크리트, 플라스틱'과 같은 인공 물질 생산과 핵실험에 의한 퇴적물의 변화 등 인류 문명이 만든 자연환경이 지구 생태계에 지각변동을 일으키는 중이다. 브뤼노 라투르는 기후 문제가 지정학적 이슈의 핵심이며 불의와 불평등의 문제와도 직접 연관되어 있다고 지적한다. 즉, 기후 변화는 지구의 정치, 경제, 환경 등 모든 문제에 걸쳐 있다는 것이다.

인공지능 기술은 과연 이러한 기후 변화 문제에 어떤 대책을 마련하고 있는가? 인공지능으로 인하여 오히려 기후 변화가 더 악화되는 것은 아닌가? 아니면 인공지능에 의해 기후 변화를 쉽게 해결할 수 있는 것은 아닐까? 그러나 "AI가 기후 변화 해결, 질병 치료, 빈곤 종식 등 인류에게 큰 혜택을 줄 것이라는 주장은 환상에 불과"(Naomi Klein, 2023)하다는 목소리도 만만치 않다.

인공지능을 사용하는 창작자들에게 중요한 것은 단지 기술이 예술 언어가 되는 것만이 아니다. 이러한 기술이 우리 삶에 어떤 영향을 미치고 있는가에 대해서도 인식할 필요가 있다. 인공지능 기술에 의해 우리의 삶이 변화하기 때문이다. 생태적 환경, 노동, 감정 등의 분야에 퍼져 있는 이러한 변화에 대한 고찰은 동시대 예술가들의 창작에도 영감을 주리라고 생각한다.

빅데이터와 기후 변화

인공지능이 에너지와 자원 이용 측면에서 환경과 기후에 미치는 영향은 이제 세계적으로 중요한 의제가 되었다. 코켈버그에 의하면, '지속 가능한 인공지능' 연구나 개발이 지구의 미래를 성공적으로 이끌 수도 있지만, 환경에 더 악영향을 줄 수도 있다.

에너지 소비와 폐기물 증가를 떠올려 보면, 인공지능이 생각보다 많은 에너지를 쓸 것이라는 사실은 자명해 보인다. ≪뉴욕 타임스≫에 따르면, 2027년 인공지능이 연간 사용할 전력량이 아르헨티나, 네덜란드, 스웨덴 같은 국가가 각각 1년간 소비할 전력량과 비슷해질 것이라고 한다. 또한 주요 언론들은 인공지능이 활성화되면 데이터센터 등 컴퓨터 전력 수요가 늘어나 전기 사용량이 2050년쯤에는 지금의 1000배가 될 것이라고 한다. 현재 챗GPT를 이용한 검색이 구글 검색보다 10배 많은 전력을 소비하는 등 인공지능은 전력 소비량이 상당하다.

실제로 인공지능 시스템을 구축하는 비용 역시 적지 않다. "인공지능 추천 시스템과 결합되어 있는 스트리밍 서비스를 이용하는 것도 더 많은 데이터가 필요하고 인공지능과 함께 작동하는 전자 기기 생산도 사회적 · 환경적 영향을 초래하는 원재료 추출을 필요로 한다."(Coeckelbergh, 2022) 그로 인한 인공지능의 탄소 배출량도 어마어마하다. "구글이 검색 등 대화형 AI에 활용하는 자연어 처리 모델인 '버트(BERT)' 학습 과정에 GPU를 이용할 경우, 625kg의 탄소가 배출"(AI 타임스, 2024)된다고 한다.

기후 변화의 원인이 되는 탄소 배출에도 불구하고 인공지능과 빅데이터는 점점 더 많은 에너지 공급지를 찾고 있다. 이에 따라 에너지 사용 효율성을 높이고 디지털 데이터를 독점하고자 하는 "데이터 식민주의"(Couldry & Mejias, 2019)가 출현한다.

데이터 식민주의

데이터를 특정 기업이나 국가가 독점하고 데이터를 확보하지 못한 기업과 국가는 거기에 종속되는 현상을 일컬어 데이터 식민주의라고 한다.

데이터 식민주의는 인공지능과 클라우드 서비스가 국경을 넘어 다양한 국가 이용자의 데이터를 끌어모아 학습 재료로 사용하면서 발생하는 '데이터 주권' 문제라고 할 수 있다. '미국클라우드법안(Clarifying Lawful Overseas Use of Data Act: CLOUD Act)'에 따르면, 미국은 국가 안보에 심각한 위협이 있는 경우 자국 클라우드 기업의 해외 데이터 센터의 데이터도 열어 볼 수 있다. 그러나 한국은 자국에서 발생한 데이터를 해외로 뺏기지 않기 위한 법적 장치가 없다(조선일보, 2019). 일례로, 구글은 세계 80개국 10억 대 이상의 안드로이드 스마트폰을 통해 전 세계인의 데이터를 광범위하게 수집·분석한다. 미국 정부는 구글의 데이터를 자국 관할에 두기 때문에 구글이 보유한 다른 나라 기업의 데이터를 저장 위치와 상관없이 들여다볼 법적 권한이 있는 데 반해, 한국 정부는 구글이 수집한 한국 데이터에 접근할 법적 권한이 없다.

그 예로, 2014년 그리고 2017년 구글이 사용자 동의 없이 안드로이드 스마트폰의 위치 정보를 무단 수집한 의혹

이 있었으며, 2017년 구글이 인공지능 스피커를 통해 한국의 사용자가 집 안에서 주고받는 대화를 무작위로 녹음하는 사건이 있었다(한겨레, 2017). 일반적으로 데이터 수집을 통해 획득한 위치 정보는 주로 특정 지역을 대상으로 하는 '광고'에 활용된다. 다행히 2022년 데이터산업진흥법이 제정되어 데이터의 안전한 활용과 보호를 위한 법적 기반을 마련했다. 이 법은 데이터의 해외 이전 시 필요한 절차와 요건을 상세히 규정하고 있다. 한편 유럽에는 유럽연합일반 데이터보호규칙(General Data Protection Regulation: GDPR)이라는 데이터 보호 규정이 있는데, 유럽 연합 내에서 개인 정보 보호를 강화하고 개인 데이터의 수집, 저장, 처리, 전송을 조절하기 위해 2018년 5월부터 시행했다(홍성준, 2021).

런던정치경제대학(LSE) 미디어·커뮤니케이션·사회이론 교수 닉 콜드리(Nick Couldry)와 뉴욕 주립대학교(SUNY) 커뮤니케이션연구부 교수 율리시스 알리 메지아스(Ulises A. Mejias)는 데이터 식민주의가 인간의 삶을 데이터 상품으로 전환하고 있다고 주장한다. 또한 우리가 늘 사용하는 "소셜 미디어와 구글 같은 검색 엔진은 자유로워진 게 아니라 자본주의에 의해 식민화되고 있"(Fuchs, 2014)으며, "우리는 무임 노동으로 다른 기업에 판매되는 데이터라는 상품을 소셜 미디어 기업과 그들의 고객(광고주)을 위해 생산한다."(Coeckelbergh, 2022) 우리 자신이 생성하고 있는 데이터가 곧 자본이며 노동의 일부가 되고 있음을 알 수 있다.

히토 슈타이얼의 노동으로서의 데이터

데이터 경제에서 개인의 소비 행위는 그 자체가 데이터를 제공하는 동시에 이윤을 창출한다. 애플리케이션, 플랫폼, 스마트 기기가 우리의 생활을 데이터로 전환해 정보를 추출하면 이 정보는 기업의 이윤을 위해 사용된다. 즉, 데이터는 잉여를 창출하는 노동이라고 할 수 있다. 예를 들어 한 유튜버가 자신이 노래하고 춤추는 이미지를 올려 공개했을 때 곧바로 그것은 경제를 창출하는 데이터 노동 행위가 되는 것이다. 히토 슈타이얼(Hito Steyerl)이 비디오 게임 형식을 빌려 만든 〈태양의 공장(The Factory of the Sun)〉(2015)은 바로 그러한 '노동으로서의 데이터'를 다룬 작품이다.

작품의 영상에는 신나는 음악에 맞춰 춤을 추는 남자와 인터넷상에서 즐기는 게임 이미지가 나오는 한편, "이것은 게임이 아니다. 이것은 현실이다"라고 말하는 목소리가 기계음처럼 반복된다. 춤추는 남자는 모션 캡처(motion capture) 스튜디오 노동자로서 춤추기(노동)는 인공 태양(자본)으로 변한다는 설정이다. 모션 캡처란 센서를 사용해 사람과 물체의 움직임을 디지털화하여 주로 영화나 애니메이션 작업에서 사용하는 작업이다.

슈타이얼은 온라인상에서 게임을 하거나 춤을 추거나 하는 유희 그리고 유튜브 영상을 보는 행위조차 거대 기업의 데이터 마이닝을 위한 노동, 즉 데이터로서의 노동임을 강조한다. 한마디로 이 작품은 디지털 자본주의에서 데이터가 어떻게 노동이 되고 이윤이 되는가에 대한 문제, 다시 말해 현재의 사회 경제적 생태 변화를 잘 보여 준다.

인공지능, 감정에 대한 문제

인공 생명체와 인간 사이에서 감정이 교류하는 능력에 대한 연구가 활발해지고 있다. 즉, 로봇이나 사이보그, 안드로이드 등 비인간 인공 생명체가 감정을 가질 수 있는가 혹은 정동적(affective) 능력이 있는가에 관한 연구를 말한다. 여기서 정동(The Affect)이란 스피노자(Spinoza)에 따르면 '힘과 강도(Intensity)의 이행'으로서 몸에 일으키는 변화와 그로 인해 변화된 생각을 말한다. 즉 "정동은 신체의 일정한 상태를 사유의 일정한 양태와 함께 표현하며, 삶의 활력의 현재 상태를 보여 준다."(조정환, 2011) 사랑을 하는 연인처럼 서로가 말하지 않아도 주고받는 무언의 감정 교류와 같은 정서적 · 신체적 반응은 정동의 작은 예다.

2013년 개봉한 영화 〈그녀(Her)〉는 주인공 테오도르와 인공지능 프로그램인 사만다가 사랑을 하게 되고 성적 욕망을 느끼는 관계로까지 발전하게 된다는 설정이다. 인간과 기계 사이에 서로를 변화시키는 감정적 교류가 일어나면서, 신체 없는 인공지능 사만다는 "정보화된 포스트휴먼 신체"(이지행, 2024)라는 물질성(존재로서 인정받을 수 있는 주체)을 획득한다는 분석도 있다.

2014년 일본 소프트뱅크가 발표한 인간형 로봇, 즉 휴머노이드(Humanoid)인 페퍼(Pepper)는 세계 최초로 감정을 인식하는 로봇이다. 이 로봇은 얼굴 표정과 음성을 듣고 상대방의 감정을 인식한다. 일례로 페퍼가 춤추는 모습을 보고 아이가 기뻐하면 페퍼가 더 자주 춤을 추는 등 인간의 감정을 읽는 모습을 보여 준다. 그러나 감정 혹은 정동이 있는 것처럼 느껴진다고 해서 인공지능이 갖는 감정이 진정한 감정인지에 대해서는 별도의 철학적 질문이 필요하다.

인공지능과 함께하는 미래

인공지능 기술로 인해 발생하는 환경, 노동, 감정에서의 사회 생태적 변화를 인식하는 것은 중요한 일이다. 현재가 곧 또 다른 현재, 즉 미래를 만들 것이기 때문이다.

코켈버그가 말하듯이 세상에는 우리를 억압하는 인공지능 같은 것은 없다. 인공지능은 늘 인간과 연결되어 있다. 현재 인류세의 최대 문제인 기후 위기에서도 인공지능 역시 기후 문제의 원인이 되는 수많은 행위자 중 하나일 뿐이다. 일부 전문가들이 주장하듯이, 오히려 AI가 환경 문제를 해결하는 데 도움이 될 수도 있다. 우리가 볼 수 없는 환경 데이터의 패턴을 감지하는 등 빅데이터의 활용이 가능하기 때문이다. 동시대 예술가들의 작업을 통해 인공지능이 인간과 더불어 미래를 함께할 친구가 될지 적이 될지 가늠해 볼 수 있기를 기대한다.

참고문헌

김동원(2021.3.15). "AI 기술 발전이 지구에 재앙"…저전력 반도체 개발 등 탄소 배출 감소 방안 절실. AI타임스. https://www.aitimes.com/news/articleView.html?idxno=137323

레터웍스(2021.10.8). [AI 이야기] 인간 VS 인공지능 (4)감정을 읽는 로봇 페퍼(pepper). https://www.letr.ai/ko/blog/story-20011008

박지성(2023.4.11). [ICT 시사용어] 데이터 식민주의. 전자신문. https://www.etnews.com/20230411000281

유현주(2019). 디지털 매체의 시대, 예술은 여전히 정신적인 것인가?. 『인공지능시대의 예술』. 유현주 엮음. 도서출판b.

이지행(2024). 인공지능 정동에서 체현의 문제와 감정의 모빌리티-영화 〈그녀(Her)〉를 중심으로. ≪석당논총≫, 88, 177~195.

조선일보(2019.5.18). 이대로 가면 '데이터 식민지 된다. https://biz.chosun.com/site/data/html_dir/2019/05/18/2019051800202.html

조선일보(2020.10.28.). "데이터 반출 막아라"…전 세계 휩쓰는 데이터 보호주의. https://www.chosun.com/economy/tech_it/2020/10/29/2NPVPXCHGNFT5JJLLHYIYT5QQI/#:~:text=%EC%84%B8%EA%B3%84%20%EA%B0%81%EA%B5%AD%EC%9D%B4%20%EC%9E%90%EA%B5%AD%EB%AF%BC

조정환(2011). 『인지자본주의』, 갈무리.

한겨레(2017. 11. 22). 구글 또 개인 정보 불법 수집 의혹…위치 정보 수집했나. https://www.hani.co.kr/arti/economy/it/820163.html

홍성준(2021). 데이터 규범을 둘러싼 글로벌 경쟁과 EU의 전략, KDI 경제정보센터. https://eiec.kdi.re.kr/publish/naraView.do?fcode=00002000040000100010&cidx=13374

Coeckelbergh, M.(2022). The Political Philosophy of AI. Polity Press. 배현석 옮김(2023). 『인공지능은 왜 정치적일 수밖에 없는가』. 생각이음.

Fuchs, C.(2014). *Social Media: A Critical Introduction*. Londen: Sage Publications.

Klein, N(2023.9.2). AI machines aren't 'hallucinating'. But their makers are. The Guardian. https://www.theguardian.com/commentisfree/2023/may/08/ai-machines-hallucinating-naomi-klein

Poszler, F & Angeli, I. D.(2024). Responsible Design of Intelligent Decision-Support Systems: 10 Recommendations to Foster Human Ethical Decision-Making. https://drive.google.com/file/d/1vUYQPxrloQLBnjUFTnVRMfSeCRnCVtKr/view
Platum. https://platum.kr/archives/4160
THE AI. https://www.newstheai.com

10

창작 윤리 제언

인공지능 창작에 필요한 윤리는 크게 세 가지 방향에서 접근할 수 있다. 첫째 인공지능과의 파트너십, 둘째 저작권에 대한 이해, 셋째 환경, 노동, 감정의 생태 변화에 대한 인식과 윤리적 각성이다. 인공지능을 둘러싼 윤리 문제를 해결할 법과 제도가 제대로 갖추어진다면 그리고 인공지능 시대 창작자들의 윤리 의식이 충분하다면, 동시대 예술의 새로운 항로는 밝을 것이다.

인공지능과의 파트너십

인공지능 예술 창작자들은 인공지능과 어떤 관계를 맺는 것이 가장 바람직한가? 인공지능으로 창작을 하기 전, 인공지능과 창작자 간의 관계 맺기에 대해 생각해 볼 필요가 있다. 먼저 윤리적 문제를 둘러싼 책임에 대해 질문해 보자.

인공지능이 딥러닝을 통해 생성한 내용이 문제가 되었을 때, 기계에 우리는 모든 책임을 전가할 수 있을 것인가? 그런데 "AI 알고리즘에는 온갖 종류의 하드웨어와 소프트웨어가 상호 작용하며, 기계 학습과 데이터의 수집 및 처리 등으로 훈련된 여러 절차가 있다." 따라서 문제의 원인은 단순히 기계 학습만이 문제가 아니라 데이터에 내재된 사회적 · 정치적 복합 요인에 있다. 예컨대 인공지능이 창출한 생성물이 성차별적이고 인종 차별적이며 가난한 사람과 국가에 대한 편향이 있다면, 그 원인은 결국 인간에게 있다는 사실을 주목해야 한다. 데이터 학습과 교육에는 부지불식간에 인간 프로그래머의 편향과 기준이 깔려 있기 때문이다.

같은 맥락에서 AI로 인해 윤리적 문제가 생겼을 때 그것을 해결할 수 있는 주체도 인간이다. 적어도 현재의 기술 수준에서 AI는 문제 자체가 무엇인지 파악할 수도, 스스로 문제를 해결할 수도 없다. 여기서 요구되는 것은 인간 자신의 윤리적 결단이다. 즉, "인공지능 기술이 우리가 세상을 인식하고 행동하는 방식에 영향을 미쳐, 새로운 형태의 주관성을 형성한다고 가정해 본다면, 알고리즘 편향이란 벡터를 조금 더 공정하고 윤리적인 방향으로 조정해" 나갈 용기를 가져야 한다.

그렇다고 해서, 인간이 기계 위에 있다는 것은 아니다. "인간은 기술 작동에 직접적으로 뛰어들고 개입하고 해결하는 기술자의 위치"에서 "비로소 기계와의 관계 맺음의 한 부분이 된다."(김혜민, 2022) "기계들이 서로서로 정보를 교환할 수 있는 것은 인간 통역자인 조정자에 의해서다. 심지어 정보의 교환이 두 기계들 사이에서 직접적일 때조차, 되도록 정보가 잘 교환될 수 있도록 비결정의 여지를 조절하는 존재자로 인간은 개입한다."(Simondon, 2011)

이는 프랑스의 기술 철학자 질베르 시몽동(Gilbert Simondon)이 말하는 인간이 기계와 파트너가 되는 방법이기도 하다. 기계를 도구로만 보는 호모 파베르의 인간중심주의에서 벗어나 기계와 공생하는 시대를 모색한다면, 기계와 인간의 파트너십을 추구하는 방향이 바람직할 것이다. 결론적으로, 창작자는 기계의 지배자도 아니고 기계와 경쟁자도 아닌, 바로 조절자, 통역자, 파트너로서

AI와 관계를 맺을 수 있다.

저작권에 대한 이해

인공지능을 통해 새로운 창작물을 생성한 창작자는 어떻게 저작권을 확보할 수 있을까? 또한 자신의 저작물이 AI 프로그램으로부터 탈취되지 않도록 하기 위해서는 어떤 주의가 필요할까?

저작권법에서 저작물이란 '인간'의 사상 또는 감정을 표현한 창작물로 정의된다. 그런데 2020년 12월21일 발의된 저작권법 일부 개정안에서 '인공지능 저작물'이라는 개념을 명시하는 법률안이 발의되었다. 주요 내용은 '인공지능'이 아니라, '인공지능 서비스'를 이용하여 저작물을 창작한 자 또는 인공지능 저작물의 제작에 창작적 기여를 한 인공지능 제작자, 서비스 제공자 등을 권리의 주체로 인정하고, 그 인공지능의 창작물을 특별한 저작물로 취급하여 5년간 보호하고자 한다는 것이다.

요컨대 인공지능 창작물이 저작권법의 보호 대상인 저작물에 해당하느냐가 중요한 이슈라고 할 수 있다. 저작물로 인정받기 위해서는, 첫째 인간의 사상 또는 감정을 표현한 것이어야 하고, 둘째 창작성이라는 요소를 갖추어야 한다. 인간이 인공지능 창작에 얼마나 개입했는지에 따라 첫 번째 요건이 좌우된다. 2022년 국회입법조사처 소식지 〈이슈와 논점〉은 '인공지능 창작물의 저작권 관련 주요 쟁점'을 주제로 다루었다. 주요 내용은 "인공지능이 창작했더라도 인간이 창작을 주도하고 인공지능은 수단적으로만 사용되었다면, 창작물에는 인간의 사상과 감정이 표현되었다고 볼 수 있고, 저작물로 보호될 수 있다. 그러나 인간의 사상과 감정을 표현하지 않은 그 외의 기술적 저작물은 보호될 수 없다"(김지민, 2022)는 것이다.

두 번째의 요건인 창작성에 관하여, 인공지능이 기존 작품을 모방하는 경우 창작성을 인정받기 어려우나, 〈에드몽 드 벨라미〉나 〈새벽의 자리아〉에서 보듯이, 비록 인간의 사상과 감정을 표현하지 않는 작업이어도 인공지능이 개입되어 새로워진 작품의 경우 창작성이 있다고 보는 의견이 있다. 이와 관련하여 2023년 12월 27일 문화체육관광부와 한국저작권위원회에서 발표한 〈생성형 AI 창작물 가이드라인〉에 따르면, AI를 단독 저작자 혹은 공동 저작자로 등록할 수 없지만, 예외 규정을 두고 있다. 즉, "AI 산출물에 인간이 수정·증감 등 창의적으로 '추가 작업'을 하여 그 부분이 저작물성이 있다고 인정되는 경우에만 저작권 등록이 가능하다." 예를 들면 〈AI 수로부인〉의 경우, AI가 제작한 이미지, 영상 등에 대해서는 저작권을 인정받지 못했으나, 영화 제작 중 중요한 과정인 편집과 미세 조정은 모두 '나라AI필름'이 수행했으므로 저작권 등록이 부분적으로 가능했다.

한편 인공지능이 다수의 저작물을 포함한 데이터를 수집 · 분석하는 텍스트 · 데이터 마이닝 과정에서 불거지는 데이터 저작권 보호 문제도 무시할 수 없다. SNS 같은 온라인상에 업로드한 사진, 이미지 파일 등 사람이 생산한 데이터는 그 자체로 저작물이 될 가능성이 높다. "이런 데이터의 수집 저장 과정에서 복제 행위가, 처리하는 과정에서 일시적 복제 및 2차적 저작물 작성이, 분석된 정보를 타인과 공유하는 과정에서 전송 행위가 발생"(김지민, 2022)한다. 즉, 복제와 전송 및 2차 저작물 작성은 저작권 침해로 이어질 수 있다.

실제 사례로 스테이블 디퓨전을 이용해 무단으로 학습해서 스타일을 베낀 김정기 작가의 작품 및 토리야마 아키라의 경우가 있다. 이러한 부작용 때문에 미국에서는 예술가들이 2022년 AI 모델 회사를 상대로 소송을 제기하는 사건이 일어났다. 그 결과 2024년 스테이빌리티 AI사는 예술가들에게 '옵트 아웃'을 허용하기 시작했다. 저작권이 있는 예술가들은 AI 모델의 학습용 데이터에서 자신의 작품을 제외할 수 있도록 선택할 수 있게 되었다.

요컨대, 인공지능 예술 창작자들은 자유롭게 이용할 수 있는 데이터와 그렇지 않은 경우를 잘 분별해야 하며, 자신의 데이터가 탈취되지 않도록 옵트 아웃 같은 권리를 행사할 수 있음을 알아야 한다. 저작권과 관련하여, 창작자는 AI와 인간 예술가 각각의 역할을 구분하고 명시함으로써 인간이 생성한 부분에 대한 저작권 등록이 가능한 점도 기억해야 할 것이다.

환경, 노동, 감정의 생태변화에 대한 인식과 윤리적 각성

인공지능에 의해 발생하는 탄소 발자국 등 기후 변화와 같은 문제가 창작과 과연 무관한 것일까?

다가오는 미래는 '데이터교'를 숭배하게 될 것이라는 유발 하라리(Yuval Noah Harari)의 예언이 적중하게 될지는 알 수 없지만, 현재 빅데이터가 기후 변화의 문제를 일으키고 있는 것은 분명하다. 일례로 전력 수요의 경우 "전기 사용량이 2050년쯤에는 지금의 1000배가 될 것"이라는 과잉 에너지 사용에 대한 우려가 있다.

기후 변화와 연관된 이와 같은 문제뿐만 아니라, 인공지능에 의해 인간 노동이 데이터 노동으로 전환되고 있는 사회 생태적 변화도 두드러진다. 특히 데이터 독점 현상은 심각하다. 데이터 경제에서 개인의 소비 행위가 바로 데이터가 되는 동시에 이윤을 창출하는데, 특정 기업과 국가가 데이터를 확보하기 위해 다른 국가와 기업의 데이터를 사취하는 일이 빈번하다. 이에 대해 창작자들도 관심을 기울일 필요가 있다.

한편 인공 생명체와 인간 사이의 감정 교류에 대한 연구도 활발해지고 있다. 이는 현재 대화형 로봇 연구를 실용화함으로써 산업화될 전망이다. 정서적으로 인간에게 어떤 영향을 미치고 그것이 인간의 주체성을 어떻게 변화시킬지에 대한 인문학적 · 과학적 연구가 기대되기도 하지만, 오로지 기계에 의존해 자칫 인간 자신을 소외시키거나 상업화로만 치달을지 모르는 비윤리적 문제들이 과제로 남는다.

인공지능을 사용하는 창작자들은 환경, 노동, 감정 분야 외에도 그것이 불러온 다양한 사회 생태적 변화를 비판적으로 인식할 필요가 있다. 아도르노(Th. W. Adorno)가 언급했듯이, 예술은 그 시대의 지진계라고 할 수 있다. 가장 먼저 시대의 변화를 감지하고 반응하면서, 사회와 비판적 거리를 두고 지속 가능한 삶의 방향을 제시하는 것, 바로 거기에 예술의 윤리적 태도가 있다고 하겠다.

창작 윤리를 위한 제언

이 책의 서문에서 필자는 인공지능 예술 창작에 관심이 있는 창작자들에게 미래에 도래할 문제들에 대한 책임의 윤리를 언급했다. 우리의 무책임한 행위가 가져올지 모를 결과를 상상하면서, 기술과 인간의 관계 정립을 고민해야 하고 또한 기술 사용에서 윤리적 관점이 필요하다는 사실을 전달하고자 했다. 이러한 맥락에서 서술한 내용을 바탕으로 창작 윤리를 위한 다음과 같은 제언을 하고자 한다.

첫째, 창작자는 기계의 지배자나 기계와의 경쟁자가 아니라, 조절자, 통역자, 파트너로 자신을 규정할 수 있으며, 인공지능을 자신의 협업자 혹은 에이전트로 간주하여 관계를 맺을 수 있다.

둘째, 데이터 학습과 교육에 인간 프로그래머의 편향과 차별 의식 등 데이터가 중립적이지 않다는 사실을 인지하고, 데이터를 사용하는 데 윤리적인 관점을 취해야 한다.

셋째, 창작자는 AI를 단독 저작자 혹은 공동 저작자로 등록할 수는 없지만, 인공지능과 협업할 경우, 저작권에 명시된 저작물성을 확보하는 '창의적 추가 작업'을 통해 저작권을 지킬 수 있음을 인지해야 한다.

넷째, 창작자는 자유롭게 이용할 수 있는 데이터와 그렇지 않은 경우를 잘 분별해야 하며, 자신만의 데이터 세트를 설계할 때 합법적인 절차를 거쳐 사용해야 한다.

다섯째, 창작자는 현대 사회가 온라인상에서 이루어지는 소비, 생산, 창작 활동 등 모든 행위가 데이터가 되는 동시에 이윤을 창출하는 '데이터 경제' 시스템을 이룬다는 사실을 이해하는 한편, 자신의 데이터를 탈취당하지 않을 권리가 있다는 사실을 알아야 한다.

여섯째, 창작자는 인공지능에 의해 발생하는 탄소 발자국 등 기후 변화에 관심을 기울임으로써 인간과 비인간을 포함한 지구 공동체의 공존에 대한 책임 의식을 가져야 한다.

이상의 여섯 가지 제언은 인공지능과 관련해 창작자가 기본적으로 가져야 할 윤리적 태도로 보아도 무방하다. 끝으로, 이 글이 인간과 기술이 공진화하는 공동체를 꿈꾸는 창작자들에게 인공지능 예술에 대한 윤리 지침서이자 궁극적으로 '좋은 삶을 위한 에티카'로 남기를 바란다.

참고문헌

김재희(2017). 『시몽동의 기술철학-포스트휴먼 사회를 위한 청사진』. 아카넷.

김지민(2022). 인공지능 창작물의 저작권 관련 주요 쟁점. ≪이슈와 논점≫, 2042, 1~4.

김혜민(2022). 시몽동의 기술철학에서 나타난 인간-기계 짝짓기의

가능성에 관해. ≪코기토≫, 96, 39~60.
Simondon, G.(2011). *On the Mode of Existence of Technical Objects*. Univ Of Minnesota Press. 김재희 옮김(2011). 『기술적 대상들의 존재 양식에 관하여』. 그린비.

유현주

한남대학교 인문과학연구소 학술연구교수다. 홍익대학교에서 "아도르노 미학에서의 기술(Technik)" 이론으로 박사학위를 받았다. 2013년 생태미학예술연구소를 설립하고 생태, 예술, 환경, 기술을 키워드로 생태 미학에 관한 연구를 하면서 다양한 전시와 세미나를 기획했다. 과학 융복합 전시기획으로 2017년 한국화학연구원에서 주최한 '기후변화대응화학예술 특별전: 화성에서 온 메시지'가 있다. 2021년 국립현대미술관에서 기획한 한국생태미술 조사연구사업의 책임연구원을 맡았다. 주요 저서로 『대중문화와 미술, 수백 개의 마릴린 먼로와 수천 개의 모나리자』(2014), 『인공지능시대의 예술』(공저, 2019), 『한국생태미술의 흐름과 현재』(공저, 2021)가 있다. 주요 논문으로 "아도르노 기술 개념에서 본 디지털 시대의 예술", "생태미학에서의 '지속가능성(Sustainability)' 개념 연구 -Sacha Kagan의 지속가능성 개념을 바탕으로"가 있다.